L'AMORE
È

NICK IL GUERRIERO

Nicola Umbaca

L'AMORE È

INDICE

Cos'è l'amore

Diceva Dr. Seuss - *"L'amore è quando non riesci a dormire perché finalmente la realtà è migliore dei tuoi sogni".*

Ma l'amore è anche molto di più…

Nel corso degli anni mi sono interrogato su cosa fosse realmente l'amore, su quali fossero i suoi effetti e sull'impatto di esso nelle nostre vite.

L'amore è un'esperienza straordinaria, ma spesso poco studiata e compresa. Solo pochi hanno avuto il privilegio di sperimentare l'amore profondo.

Ma in che modo?

Molte persone si concentrano sull'aspetto esteriore di un partner, ma questo non è sufficiente per innamorarsi.

Oggi, le apparenze giocano un ruolo predominante nel nostro mondo visivo. Ci innamoriamo delle forme che vediamo e dichiariamo di essere "innamorati".

Tuttavia, l'amore è un sentimento potente che trasforma completamente il nostro essere. Quando siamo innamorati, proviamo un turbinio di emozioni nell'addome; come se avessimo non solo farfalle, ma veri e propri rinoceronti. Viviamo le giornate in modo completamente diverso, la nostra visione cambia drasticamente e anche la nostra routine.

Questo evento può avere un impatto maggiore o minore a seconda della sensibilità di ciascuno. Perciò, se l'amore è unilaterale, potrebbe essere meglio evitare di innamorarsi, anche se c'è la possibilità che l'altra persona possa innamorarsi di noi, o viceversa.

L'amore è senza dubbio una cosa meravigliosa, ma può essere anche doloroso. Seguire una persona di cui siamo innamorati senza essere ricambiati può genere l'effetto di una vera e propria bomba che scatena il caos dentro di noi.

Non so se sia meglio innamorarsi oppure stabilire una relazione senza incertezze, ma la vita non è così semplice. Dobbiamo accettare l'amore per quello che è, senza cercare scorciatoie.

Come ci ha insegnato il nostro Signore Gesù Cristo, l'amore va coltivato. È come piantare un seme e nutrirlo con attenzione perché cresca lentamente fino a diventare amore duraturo. A volte diciamo di amare qualcuno per sempre, ma l'amore ha delle fasi. Dura, ma poi può svanire se non lo coltiviamo costantemente.

Ho imparato da una esperienza passata che certe situazioni possono essere belle e brutte allo stesso tempo. Mi sono ritrovato coinvolto con una ragazza che con il suo sguardo riusciva a farmi sentire davvero male, e la relazione è diventata altalenante, come una montagna russa emotiva. Alla fine, ho dovuto prendere una decisione e concludere quel rapporto, poiché sembrava che l'amore fosse a senso unico.

Le sfide della vita sono molte e ognuno di noi spera di affrontarle nel modo migliore. Spero di non ripetere gli stessi errori, perché essere catturati da una persona con uno sguardo così potente può davvero destabilizzare l'anima. Credo che sia importante non concentrarsi solo sulla bellezza esteriore di una persona, ma soprattutto sulla bellezza interiore.

Con il passare del tempo, l'aspetto esteriore cambia e

invecchiamo tutti. Dovremmo mai smettere di amare una persona solo perché cambia il suo aspetto? Dobbiamo imparare a vedere il lato positivo dell'amore e superare le difficoltà che possono presentarsi lungo il cammino.

L'amore è un percorso di crescita, con alti e bassi, ma è l'unico sentimento che può davvero guidarci nella nostra avventura di vita. E imparando dagli errori passati, possiamo cercare di coltivare l'amore in modo che il nostro percorso amoroso diventi meno tumultuoso e più appagante.

Per comprendere veramente l'amore, dobbiamo adeguarci e trovare il giusto equilibrio, senza però piegarci totalmente alle opinioni degli altri. Smussare gli angoli delle nostre relazioni è fondamentale per evitare un logorio che potrebbe minare la stabilità dell'amore stesso.

Quando l'amore viene messo alla prova e vacilla, può essere difficile ritornare alla sua forma originale. Per questo motivo, dobbiamo avere tempo e pazienza per affrontare le sfide quotidiane, sia con noi stessi che con gli altri.

La lotta per l'amore è una lotta interna, un processo personale che non deve essere influenzato dalle critiche degli altri.

L'amore autentico va al di là delle apparenze o delle semplici "scappatelle". Non ci innamoriamo di persone solo per la loro bellezza esteriore, ma perché siamo veramente attratti da ciò che sono dentro di loro.

Essere innamorati può essere difficile e doloroso, ma è un'esperienza che vale la pena vivere. Non dovremmo mai stare con una persona solo perché non siamo in grado di rimanere da soli, ma dovremmo cercare di essere autentici e veri nei nostri sentimenti.

L'amore non riguarda solo le relazioni romantiche, ma abbraccia anche l'amore per i nostri figli, i nostri genitori e tutte le persone care a noi.

L'amore può essere trovato ovunque: nelle piante, negli alberi e in ogni aspetto dell'Universo.

Se tutti comprendessimo l'importanza dell'amore in tutte le sue forme, diventerebbe veramente una cosa spettacolare. Purtroppo, non tutti hanno ancora capito questa verità.

Siamo tutti parte di un grande cuore universale, con le sue arterie pulsanti e le vene che ci tengono uniti. Questo è un discorso ampio e profondo, e dovremmo continuare a esplorarlo con un respiro profondo e aperto.

Assaporare l'amore è come immergersi nelle vibranti emozioni di una relazione tra uomo e donna. Queste vibrazioni sono l'essenza stessa dell'innamoramento, perché si trasmettono da un cuore all'altro e si combinano come un puzzle perfetto.

L'amore non è solo una questione di cuore, ma coinvolge anche il cervello. Cuore e cervello lavorano insieme per creare un legame amoroso saldo. L'amore autentico richiede questa unione di sensi e sentimenti.

Ho imparato dalle mie esperienze di vita che l'amore è davvero importante, molto più di una semplice attrazione estetica per una bella donna. Ciò che conta veramente è l'integrazione delle emozioni e dei pensieri. Se vedete una donna attraente, ma non c'è alcuna connessione interiore, allora non c'è amore e una relazionc basata solo sull'aspetto esteriore non potrà durare.

L'unione di due cuori e menti è ciò che rende l'amore reciproco e appagante. Certe volte, purtroppo, ci si può innamorare da soli, creando fantasie e film mentali che possono non corrispondere alla realtà. È essenziale che l'amore sia condiviso e vissuto insieme.

A volte bisogna essere cauti nelle relazioni, assicurandosi che la persona che abbiamo nel cuore sia veramente adatta a noi. Non possiamo basare il nostro amore solo sull'apparenza o sulle illusioni.

Dobbiamo anche essere consapevoli del modo in cui la tecnologia influisce sulle nostre interazioni. È vero che i telefoni sono parte integrante della nostra società, ma dobbiamo anche ricordarci di trascorrere del tempo lontano da essi per vivere la nostra vita e coltivare relazioni significative.

In questa società moderna, dobbiamo smussare gli angoli del nostro modo di comunicare e collaborare. Non si tratta di cambiare la nostra essenza, ma di capire che il successo di una società dipende dalla collaborazione tra le persone.

Non dobbiamo tornare al passato in cui certi ruoli erano rigidamente definiti, ma dobbiamo imparare a collaborare e a supportarci a vicenda. Lasciamo spazio per i social media e la tecnologia, ma impariamo anche a vivere appieno la nostra vita reale.

In definitiva, l'amore è un viaggio che va oltre l'apparenza superficiale. È un'esperienza di cuore e mente, un'interconnessione di emozioni, pensieri e vibrazioni che ci avvolge nell'infinita bellezza dell'amore autentico.

Il mondo che ci circonda è ricco di sfide e responsabilità, e non possiamo ignorarle se vogliamo migliorare non solo le nostre relazioni amorose, ma anche la società nel suo complesso. Se ognuno di noi si concentra solo su sé stesso e ignora gli altri, l'amore scomparirà e rischiamo di precipitare in un fallimento collettivo.

Dobbiamo riconoscere e apprezzare il dono dell'amore puro e genuino che Gesù Cristo ci ha donato attraverso la natura, il mare e la luna. Ogni istante ci offre l'opportunità di essere migliori e di trovare la felicità attraverso gesti di amore e bontà.

In una società in cui sembra prevalere l'indifferenza, dobbiamo imparare a essere attenti alle necessità degli altri e a prenderci cura del nostro territorio. L'amore per la natura ci spinge a proteggerla, a non costruire su fragili montagne e a non inquinare i mari.

Dobbiamo coltivare l'amore per noi stessi e per il mondo circostante, compresi gli animali e tutte le creature che ci circondano. Solo amandoci profondamente possiamo riversare quell'amore anche negli altri.

Nelle relazioni amorose, dobbiamo trovare il giusto equilibrio e non lasciarci trascinare troppo dalla tecnologia. Anche se i telefoni sono parte integrante della nostra vita, dobbiamo dare priorità alla nostra connessione reale con il nostro partner.

L'amore è come una piantina, va curato e nutrito ogni giorno affinché cresca e si sviluppi. Se trascuriamo di innaffiarlo con attenzione, l'amore può seccare e svanire. È essenziale mantenere viva la fiamma dell'amore, altrimenti la coppia rischia di dissolversi.

Molti di noi hanno sperimentato amori non corrisposti o relazioni a senso unico, ma dobbiamo imparare da queste esperienze e non lasciarci abbattere. Bisogna cercare di capire chi siamo e cosa vogliamo, essere autentici con noi stessi e con gli altri.

L'amore è un'esperienza unica e spettacolare, ma può anche essere doloroso se non lo coltiviamo con cura. Dobbiamo essere forti, amare noi stessi e gli altri, prendendoci cura dei nostri rapporti e della nostra società.

Le sfide della vita possono sembrare complicate, ma con amore e determinazione possiamo superarle e crescere in modo positivo. Non ho ancora capito tutto, ma continuo a imparare e a cercare di comprendere sempre di più l'importanza dell'amore in tutte le sue sfaccettature.

In questa introduzione ti ho dato una visione generale di quello che l'amore è.

Capitolo per capitolo, approfondiremo ogni aspetto del meraviglioso mondo dell'amore, perché nessuno può privarsi di questo meraviglioso sentimento che anima la nostra società. Dalla chimica che si accende tra due persone alle complessità del mantenimento di una relazione a lungo termine, esploreremo ogni dimensione dell'amore. Esamineremo come l'amore influisce sulla nostra salute fisica, mentale ed emotiva e come può renderci persone migliori.

Nel corso del libro esploreremo diverse prospettive e fonti dell'amore. Vedremo come l'amore può essere espresso attraverso gesti gentili, comunicazione e intimità. Esploreremo anche il ruolo che i contesti culturali, l'educazione e le esperienze personali giocano nel plasmare la nostra percezione dell'amore. Inoltre, ci addentreremo nelle sfide e nelle insidie dell'amore che a volte possono portare al crepacuore e alla delusione.

Il viaggio che stiamo per intraprendere è ricco di emozioni e speriamo che questo libro non solo arricchisca la tua comprensione dell'amore, ma ti ispiri anche ad aprire il tuo cuore alle molte possibilità che l'amore offre. Se sei innamorato, se stai cercando l'amore o semplicemente se sei curioso di conoscere la natura di questa straordinaria emozione, questo libro è per te. Facciamo quindi un tuffo profondo nel bellissimo, complesso e meraviglioso mondo dell'amore.

Un amore non corrisposto

Nell'introduzione ti ho spiegato di come l'amore a volte possa anche far del male, per questo voglio subito parlarti di una vicenda che mi è accaduta con una ragazza un po' più giovane.

Io notai fin da subito che aveva degli atteggiamenti verso di me differenti rispetto a quelli di qualsiasi altra donna, ci scambiavamo sguardi fulminii, mi diceva tante cose che mi facevano riflettere, io la inseguivo e lei sembrava che avesse dell'interesse nei miei confronti.

In realtà ora, a posteriori, penso che fosse tutta una mia illusione perché lei sembrava essere sempre frenata nei miei confronti. Questa cosa un po' mi lasciava perplesso, non riuscivo a comprendere perché si comportasse in quel modo e frenasse il sentimento d'amore che credevo potesse nascere fra noi.

Ma ad un certo punto mi ricordo che un giorno lei mi chiamò, parlavamo e le chiesi di uscire per mangiare qualcosa e conoscerci e lei mi disse: *"Io veramente sono sposata, ho il compagno"* e quando me l'ha detto, ci sono rimasto male ma allo stesso tempo era come se mi fossi liberato. Ora tutto era più chiaro, capivo il perché dei suoi atteggiamenti.

Mi ricordo che feci una canzone per lei che diceva anche "Sono contento", ma io non ero contento di non essere uscito con lei ma lo ero perché mi aveva detto la verità. Poi ti dico la verità… non so se effettivamente avesse un compagno o meno perché io credo che quella fosse una scusa.

Nelle foto di WhatsApp, infatti, appare sempre da sola.

Dobbiamo essere attenti perché in questo mondo le persone possono essere davvero molto diverse da quel che sembrano e nascondere un'altra vita. Non bisogna mai lasciarsi stregare dalle prime impressioni ma si deve sempre cercare di andare oltre e conoscere nel profondo la persona con cui si parla.

Lo so che ci può stare che io non le piacessi ma in quel momento ero innamorato al 100%, e quando una persona non ricambia il tuo amore fa male. Adesso cerco di essere innamorato al 98% ed è una brutta difficoltà per me perché non ci riesco più di tanto.

Io sono anche fortemente innamorato, ecco perché penso di avere una malattia dovuta a questo amore non corrisposto chiamata "laurite"... che mi trafigge il cuore giorno per giorno. Qualsiasi antibiotico non ha effetto nei confronti della "laurite" perché io sono fortemente innamorato.

Questo che sto dicendo adesso lo sto dicendo con il cuore, sto soffrendo. Io non dico queste cose a cuor leggero, mi viene anche da piangere però devi saperlo... se ti capita una cosa del genere chiamami pure così ti dico cosa fare.

Mi chiedevo: cosa devo fare adesso per guarire?

La mia risposta era sempre la stessa: avrei bisogno della persona che amo perché solo lei mi potrebbe aiutare perché questa, non dico che è come una droga, ma è peggio.

Ti consiglio di non ritrovarti nella mia stessa situazione di amore non corrisposto perché è la cosa più schifosa del mondo ma, allo stesso tempo, avere una donna ed essere innamorati è la cosa più bella del mondo. Prima l'amore e dopodiché vengono tutte le altre cose e l'ultima è la morte.

Però credetemi questo libro mi è venuto così perché questa vicenda mi ha toccato veramente. La prima volta dalla nascita fino ad adesso: una cosa bellissima. So, però, magari che non succederà niente, ma sono sodisfatto perché mi sono innamorato di questa donna.

Anche lei secondo me è molto sensibile perché io da quando l'ho conosciuta l'ho scrutata bene, più di quanto lei pensasse. L'ho guardata bene, anche i suoi atteggiamenti e tutto questo mi ha fatto innamorare.

Come tutti siamo sensibili, lei lo è meno rispetto a me perché è silenziosa. Mentre io parlo, lei invece sta in silenzio e questo silenzio mi distrugge perché, vedi, una donna di cui tu sei innamorato vorresti che colloquiasse con te.

Però non so se io non gli piaccio o le faccio schifo oppure non è innamorata, eppure qualcosa c'è: qualcuno ci ha fatti incontrare così per caso. Quello che c'è non lo so, ma sta di fatto che le voglio bene anche se non stiamo insieme.

Le voglio bene e non voglio perderla, magari sta con qualcuno ma la sua immagine non dico che è come la Madonna per me ma quasi. Credimi, è una cosa straordinaria veramente e spero di ritornarle ad essere almeno amico, perché stare lontano da lei è una grande fatica.

Io vado da giù a su in tre secondi, pure con la macchina e più la amo e più mi devo allontanare perché se io la amo e sto vicino non succede niente ma se mi allontano forse succede qualcosa e un pochettino sto meglio.

Ho scritto questo libro anche come valvola di sfogo dei

miei sentimenti che non riuscivo più a contenere dentro di me.

A te che leggi l'unica cosa che ti consiglio è quella di non stare insieme ad una donna o ad un uomo senza che siate davvero. Certo, a me è stata forse una disgrazia ma non per tutti è così. Quindi, voi cercate di essere forti e non stare insieme un uomo o una donna verso cui non provate delle vere emozioni perché se così fosse la vostra relazione non potrà mai durare per molto tempo.

Invece se siete innamorati veramente, difficilmente il vostro partner vi tradirà oppure vi farà del male. Certo può capitare... ma è davvero molto raro.

Quindi, bisogna rischiare nella vita, essere innamorati e non disinnamorati come desidero esserlo io adesso, ma ricordati che non provare emozioni nei confronti degli altri è una condizione negativa.

Perché se lei mi dicesse che mi vuole, io non mi disinnamorerei ma lo sto facendo perché con lei ho capito che non c'è niente. Per non soffrire cerco di non pensarci e diluisco il mio dolore perché a gocce veloci soffri velocemente.

Io invece voglio soffrire a goccia lente e come ho detto prima, amore a senso unico o amore a doppio senso. Nel primo caso, ossia il mio, ciò comporta che io mi innamoro di lei e lei non di me, mentre nel secondo caso l'amore è corrisposto e si crea una relazione duratura destinata a durare per molto tempo.

Poi un'altra cosa volevo dire dell'amore, cioè che va fatto per gradi. Ragazzi o giovani oppure anziani, voglio dire che non è che noi abbiamo una ragazza e dobbiamo bruciare in poche settimane qualsiasi tappa. Noi l'amore dobbiamo viverlo in tanti momenti e quando arriva il momento giusto si può trovare anche la perfetta intimità tra le lenzuola.

Non credo che sia corretto fare l'amore il primo giorno di conoscenza perché se lo facciamo, il gusto di avere una donna viene meno e ci allontaniamo da lei.

Invece noi dobbiamo fare le cose un po' alla volta perché così le cose si assorbono piano piano e va meglio la situazione.

Questa è la dura realtà…

Dopo che sei riuscito a conquistare una donna, non ti interessa più niente di lei e passi avanti e per questo, bisogna essere innamorati. Per i primi tempi, ci sono gli abbracci e i baci e quindi piano piano si arriva al punto di fare anche l'amore perché è un aspetto cruciale nella vita di coppia.

E allora concedimi di dire: viva l'amore e gli innamorati veri perché in giro ci sono tante persone che sono sposate, che stanno insieme solo perché non riescono a stare sole con sé stesse... ma così non va bene. Sono destinate a vivere una vita triste e insoddisfacente.

La situazione di dolore a causa di questo amore non corrisposto... mi ha portato a scrivere questo libro, in quanto io sono Nicola e so fare tante cose. Io mi aspetto dall'amore, come ho dato a tutto l'Universo e a tutte le persone che ho conosciuto, che qualcosa si compirà, ma se così non dovesse essere cercherò di non soffrire più.

Se verrà, io ringrazierò tutto e anche gli angeli però credetemi che mi vibra anche la testa. Per questo motivo, io non vorrei innamorarmi però, lo dico contro il mio essere, se troverò un'altra donna che mi farà battere il cuore così come è riuscita lei credo che finirò con innamorarmi di nuovo, a mio rischio e pericolo.

Perché "perdere l'amore"? Come quella canzone, "quando si fa sera…" la vita è bella su tanti aspetti ma su questo è bellissima.

Io con l'amore non amo solo lei, ma amo tutto il mondo da un po' di tempo. Prima invece non dicevo mai che amavo tutto il mondo, ma adesso vi giuro: viva l'Universo e l'Amore in sé.

E quando dico queste cose c'è una sensibilità al 100% e voi siete là che leggete questo libro e io son qua che lo sto facendo con le vibrazioni. Credetemi, io non sono un uomo di questa terra ma di un altro mondo.

Mi ha mandato il Signore a fare del bene, solo questo e forse qualcuno si accorge di questo ma io devo fare le mie missioni tra cui anche questa. L'amore o no, io sono Nick il Guerriero e l'amore ce l'ho dentro per tutti.

Volersi bene è una cosa molto importante per tutti ma essere voluti bene dagli altri è un'altra bellissima cosa.

Io credo che venga voluto bene perché io abbia seminato qualcosa e adesso sono usciti questi germogli d'amore.

Bisogna, però, fare un'importante distinzione tra amore spirituale e quello materiale. Io credo che il Signore mi abbia dato un compito, mi abbia chiamato il "guerriero" perché il mio compito è quello di spargere l'amore anche per gli altri sperando che qualcuno lo faccia anche nei miei confronti, anche se non mi aspetto nulla.

Ti confesso che io in passato sarei voluto diventare un

prete, ma ho visto che per esserlo avrei dovuto fare numerose azioni per cui non mi sentivo sufficientemente pronto.

E, quindi, ho scelto di fare il guerriero ed è come un po' come il prete solo che quest'ultimo non può andare con le donne perché questa è una regola da rispettare, soprattutto in Italia. Questo limite suscitava in me numerosi dubbi perché avevo paura di oltrepassarlo e peccare.

Questa situazione mi ha portato a percorrere una strada differente. Ho incominciato ad essere un infermiere dopo tante peripezie, in questo lavoro ho imparato che devi amare davvero ciò che fai perché se non hai passione finirai per trattare male i pazienti che stanno già vivendo dei momenti delicati nella loro vita. L'infermiere deve avere amore per i pazienti e se non è così, deve cambiare la propria strada e andarsene via perché gli infermieri, quelli che lo fanno solo per soldi, non devono lavorare in ospedale e nemmeno fuori.

Devono fare un altro lavoro che non possa far del male alle altre persone: il meccanico, l'elettrotecnico, l'informatico anche se il carattere è sempre quello e non si cambia.

L'amore tra omosessuali

L'amore omosessuale è stato stigmatizzato e frainteso per secoli. Molti lo considerano innaturale e immorale, ma la realtà è che l'amore è amore, indipendentemente dal sesso dei partner coinvolti.

Le relazioni omosessuali sono altrettanto valide e appaganti di quelle eterosessuali. Le ricerche dimostrano che chi ha una relazione omosessuale ha livelli di soddisfazione e felicità pari a quelli di chi ha una relazione di sesso opposto.

Infatti, uno studio del Williams Institute ha rilevato che le coppie dello stesso sesso hanno riportato livelli di soddisfazione relazionale più elevati rispetto alle coppie eterosessuali.

Nonostante ciò, la comunità LGBTQ+ deve ancora affrontare molte sfide.

Discriminazioni e molestie sono fin troppo comuni, anche in luoghi che si proclamano inclusivi. L'omofobia dilaga in molte società e può essere difficile per chi si identifica come LGBTQ+ sentirsi al sicuro e accettato.

Ma in mezzo a tutte queste avversità, l'amore trova ancora una strada. Le coppie dello stesso sesso condividono le stesse gioie e le stesse difficoltà di qualsiasi altra coppia. Costruiscono case, piantano giardini, crescono bambini e creano ricordi proprio come chiunque altro. E proprio come chiunque altro, meritano di essere trattati con rispetto, dignità ed equità.

L'amore omosessuale non è un nemico. Non è un peccato o una scelta o qualsiasi altra cosa che lo ponga al di fuori dell'esperienza umana. È semplicemente una bella espressione d'amore tra due adulti consenzienti, niente di più e niente di meno.

In sintesi, è ora di iniziare a riconoscere l'amore omosessuale per quello che è veramente: un'espressione d'amore naturale e valida che merita lo stesso riconoscimento e rispetto di qualsiasi altro tipo di relazione. Celebriamo l'amore in tutte le sue forme e continuiamo a lavorare per un mondo in cui tutti, indipendentemente dal loro orientamento sessuale, si

sentano accettati e valorizzati.

Amore e odio

L'amore e l'odio sono come due facce della stessa medaglia, uno positivo e l'altro negativo. Dobbiamo imparare a coltivare il lato positivo dell'amore e a debellare l'odio, per permettere al nostro cuore di essere pieno di affetto e serenità.

L'amore e l'odio sono emozioni complesse che sono state esplorate nel corso della storia umana in innumerevoli opere di letteratura, canzoni e arte. Sebbene possano sembrare di natura opposta, sono interconnesse in modi che non sempre sono immediatamente evidenti. Per esempio, l'intensità delle emozioni negative verso un'altra persona può spesso essere un riflesso della profondità dei sentimenti che un tempo si provavano per lei. In altre parole, non si può avere odio senza prima avere amore.

È fondamentale imparare a coltivare gli aspetti positivi dell'amore e a sradicare l'odio dal nostro cuore.

Quando siamo più preoccupati di trattenere la rabbia e il risentimento, non possiamo aprirci completamente alla bellezza e alla gioia che l'amore può portare. Questo può portare a un senso di paralisi emotiva, in cui ci sentiamo bloccati nella negatività che abbiamo coltivato. Per questo è importante scegliere attivamente l'amore e lavorare per costruire uno stato emotivo più positivo.

Quando ci concentriamo sugli aspetti positivi dell'amore, ci permettiamo di sperimentare una serie di sentimenti meravigliosi che possono arricchire la nostra vita. L'amore può portarci appagamento e felicità e può darci un senso di scopo e di appartenenza.

Quando amiamo gli altri, dimostriamo loro che sono importanti per noi e che ci impegniamo per il loro benessere. Questo può contribuire a rafforzare le relazioni e a creare nuovi legami che possono avere effetti di vasta portata.

Inoltre, è stato dimostrato che l'amore ha numerosi benefici per la salute mentale e fisica. Le persone che si sentono amate e sostenute hanno maggiori probabilità di sperimentare livelli più bassi di stress e di ansia, oltre a una migliore salute fisica e a una maggiore resilienza di fronte alle avversità. Ciò rende ancora più importante coltivare una mentalità amorosa positiva, che può avere un impatto diretto sul nostro benessere generale.

In sostanza, l'amore e l'odio non sono semplicemente due emozioni distinte che si trovano agli estremi opposti di uno spettro. La chiave per una vita felice e appagante sta nell'imparare a coltivare il lato positivo dell'amore e nel lavorare per sradicare l'odio dal nostro cuore. Questo richiede tempo, pratica e dedizione, ma i benefici sono più che validi. Quindi, se volete sperimentare tutto ciò che la vita ha da offrire, fate dell'amore una priorità assoluta nella vostra vita oggi stesso!

Ecco cosa intendo quando dico questo: se nella nostra esperienza amorosa predomina la negatività, diventa più difficile innamorarsi appieno rispetto a chi vive l'amore in modo più positivo. Quindi, cerchiamo di liberarci da queste emozioni negative, perché questo ci porterà verso una vita migliore e relazioni più soddisfacenti.

Perdonare coloro che ci hanno fatto del male è importante, ma non è necessario continuare a instaurare rapporti stretti con loro. Mantenere contatti frequenti con persone che ci trattano male potrebbe renderci infelici e impedirci di trovare l'amore che desideriamo veramente.

Io, personalmente, amo tutti gli esseri viventi, dall'Universo stesso agli alberi, alla terra e agli animali nella foresta. Perfino gli uccelli che volano nel cielo hanno un posto speciale nel mio cuore.

La fede in Dio, Gesù, la Madonna e tutti gli esseri divini è stata una parte importante della mia vita. In passato ho attraversato periodi di dubbio, ma oggi posso dire di aver ritrovato la fede, così come molti Santi che, pur essendo peccatori, hanno ricevuto il perdono di Gesù.

A volte mi chiedo perché si scelga di polverizzare i morti, quando potrebbero essere salvati dalla grazia di

Gesù. Mi chiedo se, un giorno, potrò essere resuscitato e vivere con gli altri che sono passati oltre. Ma queste riflessioni sono fuori dall'ordinario, perché so che certi pensieri possono apparire insoliti agli occhi degli altri.

La mia sensibilità mi rende quello che sono: un guerriero, implacabile nella ricerca dell'amore. Mi permette di vedere attraverso le facciate che le persone mettono in piedi e di percepire le emozioni crude che si nascondono sotto la superficie. Mi permette di navigare nella complessità delle relazioni con profondità e comprensione, per creare legami veramente significativi.

Tuttavia, a volte questa sensibilità può essere un fastidioso fardello da portare. Il mio cuore soffre quando sento il dolore di coloro che mi circondano e le loro difficoltà diventano le mie. Mi pesa l'enormità delle loro emozioni, come se portassi il peso del mondo sulle mie spalle. Temo che un giorno potrei crollare sotto il peso di queste emozioni pesanti, incapace di sopportare l'intensità dei miei sentimenti.

Essere sensibili è sia un dono che una maledizione. Ci sono giorni in cui mi rallegro della bellezza di tutto ciò che mi circonda, della dolcezza della vita in tutte le sue forme. E poi ci sono giorni in cui le emozioni del mondo diventano troppo forti da sopportare e devo ritirarmi nella sicurezza del mio bozzolo.

Desidero un modo per attenuare l'intensità della mia sensibilità, per poter sopportare l'assalto emotivo senza sentirmi annegare in un mare di dolore. Ma, d'altra parte, se non sentissi così profondamente, possederei ancora la stessa feroce passione che mi spinge ad andare avanti nella mia ricerca dell'amore?

Come guerriero sensibile, capisco che le mie emozioni sono sia la mia forza che la mia debolezza. È un'arma a doppio taglio, che devo maneggiare con cura e cautela. Ma anche se lotto con il peso della mia sensibilità, non vorrei che fosse altrimenti. Perché è proprio questa caratteristica che mi ha reso la persona appassionata ed empatica che sono oggi.

Infine, credo che possiamo vivere senza peccati se impariamo ad amare veramente. Amare in modo autentico ci permette di superare il peccato e avvicinarci al divino. Mi sento fortunato ad avere questa consapevolezza e, anche se ho ancora molto da imparare, so che posso contare sull'aiuto di Gesù.

Ringrazio Dio e ti ringrazio, Signore, perché so che mi sosterrai in questo viaggio. La mia vita continua e so che ci saranno altre esperienze che mi porteranno a scrivere ancora di più.

Ti prego, aiutami a trovare l'equilibrio nella mia sensibilità, perché voglio essere un Guerriero senza essere oppresso dal peso delle emozioni. Mi rendo conto che alcune cose che penso potrebbero sembrare strane agli occhi degli altri, ma credo che queste parole mi vengano ispirate dal Signore.

Grazie, Signore, per avermi donato questa vita, fatta di momenti belli e difficili. Ogni giorno è un'opportunità per crescere, amare e scoprire sempre di più il divino. Ti ringrazio in anticipo, perché so che la tua guida mi accompagnerà sempre. Grazie!

Un legame unico: l'amore

Esiste un legame profondo che unisce ogni aspetto delle nostre vite: l'amore. Sì, hai capito bene, amore. Questa forza universale che si annida nelle pieghe delle giornate e nelle sfumature del mondo che ci circonda.

Hai mai riflettuto su come l'amore si manifesti persino nel verde degli alberi e nelle strade che, sebbene sembrino impeccabili, nascondono imperfezioni?

E cosa dire dell'amore che si sprigiona dall'ambiente naturale, dal fruscio delle onde marine? Questo amore è libero, incontenibile, eppure spesso lo trattiamo con indifferenza. Ciò che manca è l'attenzione, la cura, l'impegno di ognuno di noi. Pensa alla raccolta differenziata che alcuni Comuni abbracciano come segno d'amore per la natura, mentre altrove, le strade diventano una sorta di discarica indiscriminata, una dimostrazione di indifferenza.

Ma fermati un attimo a riflettere.

Se l'amore risiede in noi, se ci impegniamo a casa con la raccolta differenziata, allora il Comune dovrebbe mettere il suo cuore in tre contenitori ben distinti. Se l'amore è la molla che ci spinge, allora le strade non possono rimanere bucate, trascurate. L'amore per le strade è l'amore per la comunità che le percorre.

E non dimentichiamoci del bene comune, delle strade che si trasformano in giardini d'erba selvaggia, a testimonianza di un amore mancato verso la pulizia e la bellezza del nostro spazio condiviso. I cittadini, onorando le tasse che versano, dimostrano un amore per la comunità che va ben oltre il denaro.

Noi italiani, famosi per la nostra pazienza, a volte sembriamo indifferenti alle cose rotte e ai problemi. Ma l'amore ci chiama a essere coinvolti, attivi, a non lamentarci solo di ciò che non va, ma a impegnarci per cambiarlo. Certo, a volte sembra che la voce dell'amore cada nel vuoto, ma se ci uniamo, diventiamo un coro potente che rivendica un amore reciproco per l'ambiente, perché noi apparteniamo all'ambiente e l'ambiente a noi.

Guarda il cielo, un ricordo celeste. Ma alcune fabbriche, ingiustamente, inquinano l'aria che respiriamo. L'amore non può coesistere con l'inquinamento, con gli interessi egoistici che lo ignorano. L'amore è disinteressato, come quello tra due anime che si intrecciano, senza l'ombra dell'avidità.

E, parlando di amore, ritorna alla mente un piccolo

parco giochi che è stato trasformato dall'amore e dall'attenzionc di una comunità attenta. Un semplice suggerimento al Consigliere di zona ha innescato un processo che ha portato a un rifacimento totale, un luogo che ora accoglie tanti bambini, sani e felici. Questi non sono solo dettagli insignificanti, sono manifestazioni d'amore.

E sì, potrei continuare a parlare di amore per ore e ore. Ma so che il tempo è prezioso e che la mia voce è solo una tra tante. Quello che voglio dirti è che anche questo testo che stai leggendo, è scritto con amore e sensibilità. Ed è proprio qui, in questo splendido parco Nord, che trovo l'ispirazione per condividere queste riflessioni.

Desidererei che tu, i miei amici, tutti coloro a cui tengo, potessimo abbracciare questa sensibilità, questo amore per ogni cosa. Ma capisco che crescendo, la vita ci rende meno sensibili, ci fa scivolare via le parole senza farci fermare troppo. Tuttavia, ti sfido a non perdere mai del tutto quell'amore, a continuare a cercarlo, a coltivarlo, perché è l'amore che rende il mondo un luogo più bello e significativo, un piccolo gesto alla volta.

L'amore è audace

La strada dell'amore è un viaggio affascinante, un percorso che ci conduce verso emozioni profonde e connessioni autentiche. Tuttavia, come ogni viaggio, comporta anche rischi che non possiamo ignorare. È come camminare su un sentiero panoramico, sospesi tra le altezze dell'entusiasmo e le insidie delle incertezze.

Immagina di essere travolto dai sentimenti per una persona speciale, solo per scoprire che le strade del suo cuore non coincidono con le tue. È un rischio che potrebbe ferire, ma qui sta la bellezza dell'amore: la sua audacia. Eppure, in questa modernità fatta di incontri fugaci, sorge la tentazione di separare il desiderio dalla passione. L'idea di amare senza essere completamente innamorati può sembrare allettante, un modo per godere senza subire.

Tuttavia, questo è un terreno pericoloso, perché il cuore è un organo che non si può imbrogliare. Ciò che è autentico non può essere simulato. E quando ti immergi in un legame senza la profondità dell'innamoramento, rischi di finire in un vortice di conflitti e malintesi. Gli uomini sanno che innamorarsi, anche con tutte le sue incertezze, è la via migliore. Perché quando ci si allontana dalla sincera connessione del cuore, ci si ritrova in un labirinto di litigi e contrasti.

In effetti, l'amore reciproco, l'innamoramento condiviso, è l'elisir che rende i momenti difficili degni di essere superati. È la colla che tiene insieme le anime, anche quando le tempeste si abbattono. E se mai ci fosse bisogno di una prova che l'amore è necessario, basta guardare al mondo. Se l'amore non fosse il motore delle relazioni, ci accoppieremmo solo per dovere, non per passione.

Sii vero con te stesso, con gli altri e con l'amore che provi. L'amicizia, ad esempio, si basa sulla fiducia reciproca, sulla condivisione aperta. Lo stesso vale per l'amore. Quando qualcuno apre il proprio cuore e tu rispondi con il silenzio, quella non è amicizia. È lo stesso con l'amore: non puoi attenderlo se non sei disposto a darlo in cambio.

Ti sei mai trovato ad amare qualcuno nonostante le sue imperfezioni?

Questo è il cuore dell'amore: non scappare quando tutto diventa difficile. Sono proprio le sfide che rendono più forte il sentimento, che lo rendono incrollabile. A volte, capisci che una relazione potrebbe farti male, ma ami comunque. Questa è la tua forza, la tua bellezza interiore che brilla attraverso le sfide.

Tuttavia, capire gli altri, comprenderli davvero, è come cercare di decifrare un enigma. Ma è proprio in questo sforzo che risiede la vera bellezza dell'amore. Innamorarsi significa amare ciò che vediamo e ciò che non vediamo, eppure continuare a cercare di comprendere. È un viaggio nel quale non possiamo sempre prevedere la destinazione.

Guarda oltre le situazioni che sembrano distanti e non forzare connessioni che non siano reciproche. Quando qualcuno si allontana, c'è un messaggio nascosto. È il momento di restare attenti, di proteggere il tuo cuore e di imparare. Io stesso ho sperimentato amori dolorosi, ma ho scoperto che la distanza a volte è ciò che ci salva.

Questo libro, questo viaggio interiore che ho intrapreso,

è una dimostrazione del mio amore per la verità e per l'arte di esprimere ciò che provo. È nato da un bisogno interno, un bisogno di liberare pensieri e sentimenti che ho coltivato nel profondo. È un atto di pazienza e dedizione, un modo per condividere il mio viaggio con il mondo.

Mi rendo conto che questo libro è stato un regalo per me stesso e per chiunque possa trovarvi conforto o ispirazione. L'amore è il motore che mi ha spinto a scriverlo, e so che ci sono ancora tante storie da raccontare, tanti incontri da vivere.

Quando il momento sarà giusto, ne parlerò con tutto il mio cuore. Ma fino ad allora, ricordiamoci che l'amore è il filo conduttore che tiene unite le nostre storie, le nostre speranze e i nostri sogni. Che ogni giorno, possiamo trovare modi per nutrirlo, per coltivarlo e per donarlo al mondo.

Abbiamo in mano un tesoro universale, un sentimento che non conosce confini, né nazionalità. L'amore, quella forza capace di scaldare ogni cuore, è davvero un dono che non appartiene a nessuna terra in particolare. E per fortuna che sia così, perché immagina se fosse stato circoscritto, ristretto da etichette e confini... sarebbe stato un amore privo di colore, di vitalità.

Coltivare l'amore è come prendersi cura di una pianta preziosa, delicata. Come l'acqua che la innaffia giorno dopo giorno, così l'amore va nutrito e curato con attenzione. È un processo che richiede dedizione, come il concime che stimola la crescita. Non possiamo aspettarci che l'amore fiorisca senza sforzo, ma la gioia che ne deriva vale ogni goccia d'impegno.

Tuttavia, attenzione! L'amore non può essere forzato o

creato artificialmente. Non possiamo obbligare il nostro cuore a batterc più forte per qualcuno se l'amore non è presente. Ecco perché è importante essere veri, sinceri, e rispettare i nostri sentimenti e quelli degli altri. Non dovremmo mai entrare in relazioni che non sentiamo profondamente, perché rischieremmo solo di infliggere sofferenza.

L'amore è un sentimento unico e personale, non una merce standardizzata. Non ha un termine di consegna preciso, non è una corsa contro il tempo. C'è chi si innamora all'istante e chi ha bisogno di più tempo per farlo. È questa diversità che rende l'amore così straordinario, così autentico.

Non lasciarti influenzare troppo dalle opinioni degli altri quando si tratta di affetti. La tua relazione è un viaggio personale, e solo tu puoi sentire il battito del tuo cuore. Non importa cosa dicono gli altri, ascolta la tua voce interiore. È lì che troverai la verità.

Parlando di amore, non possiamo dimenticare le passioni che ci guidano. L'estate, con il suo sole caldo e il mare accogliente, è una fonte di rinascita e gioia per molti di noi. Lasciarci cullare dalle onde e godere del calore del sole è un abbraccio alla nostra anima, un nutrimento che ci ricarica in profondità.

E se mai desideri scoprire di più su di me e su come affronto la vita, ti invito a seguirmi in questa esperienza. Posso condividere con te i sorrisi, i momenti di riflessione e le sfide che mi hanno reso ciò che sono.

Ognuno di noi ha un modo unico di affrontare la vita, e magari il mio comportamento potrebbe ispirarti in qualche modo.

Infine, ricorda che ogni passo che facciamo verso la crescita personale è come piantare un seme. La strada potrebbe sembrare lunga, ma ogni passo conta, ogni sforzo ti avvicina al tuo scopo.

Non so dirti se la mia sensibilità è una benedizione o una sfida, ma so che mi rende autentico. E spero che tu possa trovare la tua autenticità, quell'energia che ti spinge a esplorare e a condividere. E anche se il mondo cambia, anche se le relazioni evolvono, l'amore rimane un faro costante, un regalo universale che possiamo coltivare e condividere. In ogni passo che facciamo, in ogni parola che pronunciamo, possiamo infondere amore, rendendo questo mondo un luogo migliore, un abbraccio caloroso di cuore.

Un mondo in evoluzione, un quadro in continua trasformazione. È innegabile che ci siano stati cambiamenti, separazioni, percorsi che si sono divisi.

Eppure, non tutto è così semplice come sembra. Dietro ogni separazione c'è un intreccio complesso di emozioni, di storie, di cuori che cercano di capire la propria strada. Sì, potremmo pensare che l'amore sia svanito, ma forse è solo trasformato, in attesa di essere ritrovato.

Nel labirinto degli atteggiamenti, ho notato qualcosa di straordinario: l'amore ancora esiste, ancora si nasconde tra le pieghe dei gesti e delle parole. Tuttavia, spesso la donna non è pronta ad accoglierlo, poiché il tempo e la routine possono appannare persino le emozioni più forti. Ma forse il problema non è il cuore, non è il suo funzionamento, ma piuttosto il modo in cui ci si prende cura di esso.

Forse è il momento di rivolgere l'attenzione a ogni

singolo caso, a ogni singola storia. Gli psicologi, gli androlgi, ognuno con la propria esperienza, possono aiutare a comprendere, a districare la matassa delle emozioni. I primi tempi sono pieni di amore, sì, ma poi piano piano questo sembra svanire. È come se l'entusiasmo iniziale fosse consumato dalle sfide della vita quotidiana.

Ecco, qui sta la forza: nella capacità di essere forti, di affrontare l'ignoto, di gestire la vita anche quando si è soli. La solitudine può rivelarsi una compagna preziosa, una complice che ti costringe a prendere in mano la tua vita, a scoprire ciò che sei capace di fare. È lì che ho scoperto la mia voce, l'arte di scrivere, l'emozione di cantare.

Tuttavia, la domanda rimane: cosa succede se incontrassi l'anima gemella, se il fuoco dell'amore si accendesse nuovamente? In questo momento di scelta, dobbiamo trovare un equilibrio tra ciò che facciamo e chi siamo. L'amore ci spinge a dedicare tempo e impegno, ma è importante che non ci faccia dimenticare di noi stessi.

E non possiamo dimenticare l'importanza di avere una guida spirituale, una fonte di ispirazione che ci tenga ancorati a valori più profondi. Andare a messa, trascorrere il tempo in riflessione e preghiera, può essere un nutrimento per l'anima, una fonte di forza per affrontare le sfide della vita.

Questa strada, questa ricerca dell'amore, mi ha portato a un dialogo interiore che non avrei mai immaginato. La profondità che ora percepisco, le emozioni che emergono, sono un riflesso dell'evoluzione che ciascuno di noi può vivere. Non basta essere, dobbiamo fare, dobbiamo abbracciare il nostro potenziale, esplorare i sentieri che ci attendono.

Così, in questo cammino che si snoda tra esperienze, emozioni e riflessioni, emerge una verità: ciascuno di noi è qualcosa di speciale, dotato di una forza interiore unica. Ma a volte ciò che ci manca è la consapevolezza, l'audacia di ascoltare il nostro cuore. Il mio cuore, come il tuo, è il capitano di questa nave chiamata vita, pronto a solcare i mari dell'amore, a esplorare le profondità delle emozioni. Nonostante le sfide, nonostante gli interrogativi, l'amore rimane la bussola che ci guida, l'energia che ci spinge a crescere, a connetterci e a scoprire il mondo e noi stessi.

L'amore è dare l'esempio

L'amore è un viaggio educativo, un'arte di amare e il crescere insieme. Noi genitori, guidati dall'amore, insegniamo ai nostri figli i valori, le regole, il senso di ciò che è giusto e ciò che è sbagliato. Ma in questa danza dell'educazione, spesso ci ritroviamo a inciampare nella stessa realtà che cerchiamo di plasmare. Gli sbagli, le incoerenze, possono intaccare quell'amore iniziale, offuscando la strada che ci eravamo prefissati di percorrere.

L'amore non si limita a parole, ma si manifesta nei gesti, nelle azioni quotidiane. La coppia che fa un patto di amore e coerenza deve seguire gli stessi principi che impartisce ai figli. Non possiamo chiedere ai nostri figli di rispettare le regole se noi stessi ci allontaniamo da esse. È un impegno difficile, ma è una dimostrazione di integrità che, con il tempo, si tradurrà in un legame più forte e genuino.

Il segreto sta nell'essere esempi viventi. I nostri figli osservano attentamente, cogliendo ogni dettaglio. Non possiamo aspettarci che seguano i nostri consigli se vedono che agiamo in modo contrario. Dobbiamo tracciare il percorso con i nostri passi, dimostrando con coerenza ciò che predicano le nostre parole.

La coerenza, tuttavia, non è sempre facile da raggiungere. La strada può essere disseminata di sfide e tentazioni. Ma proprio qui risiede la nostra crescita, la nostra determinazione a essere migliori. A volte sarà difficile, a volte sembrerà un'impresa titanica, ma ogni passo verso la coerenza sarà un passo verso l'amore vero. La coerenza è il fondamento di una relazione di successo e richiede un alto livello di impegno e dedizione.

Nel corso della vita, incontriamo sfide e tentazioni che possono farci deragliare dal nostro percorso. Queste sfide possono derivare da fattori esterni, come le pressioni lavorative o i problemi familiari, a conflitti interni come dubbi e insicurezze. Questi ostacoli possono mettere alla prova la nostra pazienza, la nostra fede e la nostra determinazione.

Tuttavia, è proprio attraverso questi momenti difficili, quando siamo veramente messi alla prova, che abbiamo l'opportunità di crescere e diventare individui migliori. La nostra determinazione a superare questi ostacoli ci rende più forti e più resistenti di fronte alle avversità. È attraverso questo processo di crescita che impariamo ad amare più profondamente e pienamente.

Abbracciando la coerenza e le sfide che essa comporta, apriamo la porta al vero amore. Ogni passo che facciamo per essere coerenti nelle nostre relazioni è un passo verso la creazione di un legame più forte.

Quindi, anche se essere coerenti in amore può sembrare un compito titanico, è un obiettivo per cui vale la pena impegnarsi. È la chiave per sbloccare il vero potenziale delle nostre relazioni e sperimentare la bellezza e la magia dell'amore. Continuiamo questo viaggio con determinazione e impegno, sapendo che ogni passo che facciamo verso la coerenza ci porterà più vicino al vero amore.

E non possiamo ignorare anche il potere dell'amore genitoriale. Ogni giorno dobbiamo seguire i nostri figli, guidarli con affetto e attenzione. La solitudine, la distanza emotiva, possono portare a strade oscure, come la droga. Per evitare che ciò accada, dobbiamo essere presenti, non solo fisicamente ma anche mentalmente ed emotivamente.

L'amore incondizionato e insostituibile che un genitore nutre per il proprio figlio è una forza potente che pone le basi per una vita felice e sana. Tuttavia, non dobbiamo sottovalutare la responsabilità che deriva da questo amore. Nel nutrire i nostri figli, dobbiamo essere attenti ai loro bisogni e alle loro emozioni. Dobbiamo fornire loro non solo le necessità fisiche della vita, ma anche il sostegno emotivo e l'attenzione che desiderano.

Alcuni studi hanno dimostrato che un alto livello di attenzione dei genitori riduce significativamente la probabilità che un bambino sperimenti droghe o alcol. Inoltre, un buon livello di premura da parte dei genitori è stato collegato anche a un miglioramento del rendimento scolastico, della regolazione emotiva e delle abilità sociali. Quando dimostriamo ai nostri figli che ci preoccupiamo per loro, che siamo interessati alla loro vita e alle loro esperienze, si sentono più fiduciosi, sicuri e stabili.

La chiave per proteggere i nostri figli dalle influenze negative del mondo che li circonda è essere proattivi e impegnati nella loro vita. Ciò significa ascoltarli attivamente, mostrare empatia e comprensione per le loro emozioni, fornire limiti e disciplina coerenti e, soprattutto, essere presenti quando hanno bisogno di noi. Così facendo, possiamo creare un ambiente sano e accogliente in cui i nostri figli possano prosperare e diventare adulti felici e realizzati.

L'amore dei genitori è una fonte impareggiabile di forza e protezione per i nostri figli. È indispensabile capire che le nostre parole e le nostre azioni hanno un impatto profondo sulla vita dei nostri figli. Dedicandoci a sostenere e guidare i nostri figli con affetto e attenzione, possiamo condurli sulla strada di un futuro più luminoso, sicuro e soddisfacente.

L'amore verso il Pianeta

Ricordiamoci che l'amore non è solo per gli esseri umani, ma anche per il nostro pianeta. La montagna, simbolo di maestosità e bellezza, merita il nostro rispetto. Non possiamo ignorare l'ambiente, lasciandolo degradare. Dobbiamo nutrire l'amore per la natura, proteggendola con cura.

Anche le farfalle, quei piccoli esseri che portano leggerezza nel nostro mondo, meritano il nostro affetto. Possono sembrare insignificanti per alcuni, ma sono una parte essenziale del nostro ecosistema. Impollinano le piante, forniscono cibo ad altri animali e fungono da indicatori della salute del nostro ambiente naturale. Mostrando loro amore e dando loro l'attenzione che meritano, non solo miglioriamo l'ambiente circostante, ma anche il nostro benessere. La loro presenza porta gioia e serenità nella nostra vita e dovremmo averne cura come di qualsiasi altra cosa bella di questo mondo.

L'amore per la natura, per l'ambiente che ci circonda, è una dimostrazione di rispetto per la bellezza e la fragilità del nostro pianeta. Le montagne, i fiumi, i mari, sono testimoni silenziosi della nostra interconnessione con la Terra. Dobbiamo nutrire questo amore, difendendo la natura da danni irreversibili. Solo così potremo scongiurare disastri e alluvioni, riparando le relazioni danneggiate tra uomo e ambiente.

C'è un legame profondo tra l'amore e la natura, una connessione che ci arricchisce e ci nutre nell'anima. Quando osservo luoghi in cui la natura è assente, mi sembra che la vita stia perdendo la sua essenza più autentica. Le meraviglie della natura ci ispirano e ci riempiono di un amore che va oltre le parole, un amore che ci unisce al mondo che ci circonda.

È vero che la vita può portare momenti difficili, ma imparare a cogliere i momenti positivi è essenziale per mantenere l'equilibrio. Concentrarsi solo sul negativo può farci cadere in un loop di pessimismo, rendendo ogni sfida ancora più ardua da affrontare. La prospettiva con cui guardiamo al mondo influenza direttamente la nostra esperienza di esso.

Ho imparato che apprezzare la bellezza della natura è una forma di gratitudine che ci rende più forti di fronte alle avversità. La natura ci insegna che anche nei momenti difficili, la vita trova la sua strada verso la luce. Questa consapevolezza mi ha portato a riflettere sulle benedizioni che ho ricevuto lungo il mio cammino.

Accogliere le sfide e i problemi

Allo stesso modo, le sfide e i problemi sono parte integrante della vita e possono insegnarci lezioni preziose e renderci più forti. Accogliendoli con amore e determinazione, possiamo trasformarli in opportunità di crescita e di scoperta di noi stessi. L'amore ci permette di guardare il mondo con una prospettiva diversa, di vedere la bellezza dove gli altri vedono solo il buio. Il cielo notturno con le sue stelle scintillanti ne è un esempio perfetto. Ci ricorda che al di là della nostra esistenza mondana, c'è un universo vasto e infinito a cui siamo connessi. Ci ispira a guardare dentro di noi e a trovare la stessa luce che brilla nelle stelle.

E mentre affrontiamo questo cammino di coerenza, di amore e di crescita, ricordiamo che l'autenticità è ciò che conta di più. Dobbiamo essere noi stessi, dire le cose come le pensiamo, con coraggio e sincerità. Solo allora possiamo creare legami forti, autentici, e costruire un mondo migliore per noi stessi e per le generazioni future.

La sfida è grande, ma non dobbiamo temere di affrontarla. Siamo in grado di seguire il percorso dell'amore, di incanalare le nostre azioni verso la coerenza, di ispirare gli altri a fare lo stesso. Questo è il potere che abbiamo, la responsabilità che possiamo abbracciare. Non lasciamo che l'amore si perda nelle insidie della vita, ma piuttosto coltiviamolo con passione e dedizione, per creare un mondo di autenticità, comprensione e gioia.

Nel profondo labirinto dell'anima umana si celano emozioni, pensieri e verità nascoste. Ma il silenzio, spesso, non è che una cortina che cela le meraviglie che si nascondono dietro. Siamo come scatole piene di sorprese, e solo attraverso l'espressione possiamo svelare ciò che si cela dentro di noi.

Eppure, c'è una verità inconfutabile: l'unicità di ogni individuo. Ognuno di noi è una creazione unica, plasmata dalla nascita con le sfumature di carattere, personalità e peculiarità. Non possiamo pretendere che tutti siano uguali, che tutti si esprimano nello stesso modo. L'amore ci spinge ad accettare questa diversità, a comprendere che ognuno ha il suo modo di essere.

L'amore non è solo una serie di parole. L'amore è

un'impronta, una connessione profonda che si crea tra individui. Eppure, quando ci troviamo in situazioni in cui l'espressione latita, dobbiamo imparare a leggere tra le righe, a comprendere ciò che è nascosto nelle pieghe dei silenzi. Ma attenzione, non possiamo forzare nessuno a esprimersi se non lo desidera. Rispettare il suo spazio, la sua natura è altrettanto importante.

Ogni famiglia è un mondo a sé, una tela dipinta con i colori dell'amore, delle relazioni, delle esperienze. L'amore che i genitori donano ai loro figli è un dono inestimabile, un tesoro che plasmerà il loro futuro. Ma non possiamo ignorare che alcune famiglie versano in carenza di amore, una mancanza che può influenzare il percorso dei figli. Qui sorge il nostro compito, la nostra responsabilità di coltivare l'amore e il rispetto, affinché le nuove generazioni crescano con fiducia.

Ogni parola, ogni azione può essere un mattoncino che costruisce o distrugge. Dobbiamo seguire l'onda dell'amore, trasmettendolo anche agli altri. Le piccole azioni quotidiane, come salutare un collega, donare un sorriso a un amico, possono diffondere onde positive che si espandono. L'amore non è solo per gli altri, ma anche per noi stessi, per il mondo che ci circonda.

Ognuno di noi è un racconto in divenire, un puzzle in continua crescita. Siamo tutti in cerca, tutti impariamo, tutti cambiamo. Il viaggio dell'amore non è mai in discesa, ma è una sfida da accogliere con coraggio e passione. È un'ascesa verso la profondità, un abbraccio alla vitalità della vita.

E in questo viaggio, siamo artefici del nostro destino. Possiamo fare la differenza, possiamo creare un mondo di autenticità, di coerenza, di amore. Ogni passo che facciamo è importante, ogni parola che pronunciamo ha un impatto. Rimaniamo fedeli a noi stessi, al nostro cammino, e coltiviamo l'amore che alimenta il nostro spirito.

E alla fine di tutto, quando guardiamo indietro al nostro percorso, possiamo dire con gioia che abbiamo amato, che abbiamo vissuto con passione, che abbiamo costruito connessioni sincere. L'amore è il nostro compagno costante, la forza che ci guida attraverso le tempeste e i momenti di serenità. L'amore è l'essenza della vita, la melodia che rende ogni giorno unico e prezioso.

L'amore è romanticismo e senza il romanticismo, l'amore non c'è.

Le mille sfumature dell'amore

Nel labirinto delle emozioni, l'amore si manifesta in mille sfumature, come un caleidoscopio di sentimenti che si intrecciano. Ma c'è di più: ci sono diversi tipi di amore, ognuno con la sua essenza, la sua intensità e le sue insidie. Attraversiamo un viaggio tra cuori piatti, passioni esplose e amori sterili, mentre impariamo a riconoscere le trame nascoste nelle relazioni.

C'è l'amore di atto, quell'abbraccio che sembra mancare di profondità, come una superficie piatta che non riesce a comunicare tutto ciò che dovrebbe. Questo amore è come un quadro senza sfumature, una melodia senza armonia. Ma poi, c'è l'amore espanso, quello che irrompe nella nostra vita come un turbine, travolgendo tutto ciò che c'è intorno. Un amore che non conosce limiti, che brucia come un fuoco ardente e riempie ogni angolo del nostro essere. È un amore che fa male, ma nel senso migliore possibile, perché ci rende vivi, ci fa sentire le farfalle nello stomaco come un'orchestra in tumulto.

E poi c'è l'amore sterile, quella coppia che sembra innamorata ma che in realtà manca dell'essenza stessa dell'amore. È come guardare un quadro senza colori, ascoltare una canzone senza melodia. È un vuoto che non può essere riempito, una mancanza di connessione che crea un'illusione di amore.

In quest'era complessa delle relazioni, dobbiamo imparare a guardare oltre le apparenze. Non possiamo accontentarci delle superfici, dobbiamo scendere in profondità per scoprire la vera natura dell'amore.

Ma come possiamo farlo?

Una via possibile è il dialogo aperto e sincero, una conversazione che scavando svela le emozioni, i pensieri, le speranze nascoste. Ma attenzione, non possiamo forzare questa apertura negli altri. Dobbiamo ascoltare le loro parole, ma anche leggere i loro sguardi, i loro gesti, perché spesso l'amore si cela tra le righe.

E non possiamo dimenticare la saggezza di cercare aiuto quando ci troviamo in un intreccio di emozioni. Le relazioni sono un intricato labirinto, ma gli psicologi possono essere le guide che ci aiutano a trovarne l'uscita. È come fare un check-up dell'amore, capire se siamo davvero innamorati, se la strada che stiamo percorrendo è quella giusta. Perché quando manca l'amore, ciò che rimane sono solo scelte sbagliate, insoddisfazioni e dolori.

L'attesa e la pazienza sono virtù che ci possono

preservare da errori irreparabili. Non dobbiamo fiondarci a capofitto nell'amore, ma dare il tempo necessario alle emozioni di svilupparsi, alle persone di mostrare chi sono veramente. Se qualcosa non sembra andare nella direzione giusta, è meglio fare un passo indietro e valutare se questa sia davvero la strada che vogliamo percorrere.

E mentre affrontiamo le sfide delle relazioni, non possiamo dimenticare di amarci. Dobbiamo stare attenti a non maltrattarci, a non permettere che l'amore per l'altro ci faccia dimenticare l'amore per noi stessi. Siamo responsabili del nostro benessere, del nostro equilibrio. E se un amore è destinato a finire, dobbiamo affrontarlo con maturità e rispetto, affinché il cammino sia libero per nuove opportunità.

Nel caos delle emozioni e delle relazioni, l'amore può

essere la bussola che ci guida, la luce che illumina le strade oscure. Impariamo a riconoscere le sfumature dell'amore, a capire quando è giunto il momento di lasciar andare e quando è il momento di abbracciare. Siamo artefici del nostro destino amoroso, possiamo modellare le nostre relazioni con saggezza e passione, costruendo una storia che ci renda orgogliosi, che ci faccia sentire veramente vivi.

L'amore è dare il massimo per il prossimo

Durante il tumultuoso anno del 2020, ho avuto l'opportunità di essere parte di una squadra che ha lottato in prima linea contro il Covid. Insieme, abbiamo affrontato ogni sfida con determinazione e compassione. È stato un momento in cui ho sentito il vero significato dell'amore per il prossimo. Ogni azione, grande o piccola, aveva un impatto significativo sulla vita degli altri.

Ma l'amore non è solo nella lotta contro le avversità. È anche nella musica, nelle parole e nei gesti gentili che condividiamo. È nell'atto di dare e nel donare il nostro tempo agli altri. È un amore universale che abbraccia ogni essere vivente, un amore che crea un legame tra di noi e con il divino.

Ho visto come l'amore può superare persino le sfide fisiche, come quando ho continuato a lavorare nonostante gli effetti collaterali di un vaccino. L'amore per la mia comunità e l'ospedale mi ha spinto ad andare avanti, a non lasciarmi abbattere dalle difficoltà. Questo stesso amore mi ha spinto a condividere la mia voce attraverso la musica e la scrittura.

Ciascuno di noi ha il potere di fare la differenza. Anche nei momenti più oscuri, possiamo coltivare l'amore e la speranza. Non dobbiamo mai sottovalutare la forza dell'amore che risiede in ognuno di noi. È con questo amore che possiamo trasformare le difficoltà in opportunità e rendere il mondo un luogo migliore.

L'amore non conosce limiti di genere, ruoli o aspettative sociali. È un sentimento profondo e universale che va oltre ogni differenza. Dobbiamo abbracciare la diversità e riconoscere che l'amore è ciò che ci unisce come esseri umani. L'empatia, il rispetto e l'attenzione verso gli altri sono la base di ogni relazione sana.

Guardiamo al futuro con speranza e determinazione.

L'amore è il nostro faro, la guida che ci mostra la strada

da percorrere. Ogni passo che facciamo verso l'amore è

un passo verso la costruzione di un mondo più giusto e

compassionevole per tutti. Non arrendiamoci mai alla

paura o all'odio. Lasciamo che l'amore guidi le nostre

azioni e le nostre parole, in modo che possiamo essere

veri agenti di cambiamento e diffusori di luce

nell'oscurità.

Scendiamo un po' più a fondo in questo intricato

labirinto delle relazioni umane. Le dinamiche tra

uomini e donne sono un mosaico complesso, e sapere

come gestirle è fondamentale per costruire connessioni

durature e significative. Trovare la persona giusta al

momento giusto può essere come trovare una perla

preziosa nell'oceano della vita. Ma attenzione, questa

non è solo una questione di casualità, ma di saper

cogliere le opportunità che ci vengono offerte.

Le relazioni sono come un gioco di equilibrio, e spesso il segreto sta nel saper prendere la giusta strada. Se non abbiamo le competenze necessarie per mantenere l'equilibrio, le cose possono sfuggire di mano. Le incomprensioni, le divergenze di opinione e le invidie possono mettere a dura prova qualsiasi relazione. Ed è proprio in queste sfide che emerge la nostra capacità di crescita e adattamento.

Siamo in un'epoca in cui la società è in continua evoluzione, e questo richiede un miglioramento costante da parte di tutti noi. Le donne e gli uomini, in una sorta di danza dell'evoluzione, devono convergere verso un miglioramento collettivo. La diversità è una risorsa, non un ostacolo. È attraverso l'inclusione e l'uguaglianza che possiamo crescere come specie.

L'invidia, purtroppo, può essere un'ombra che oscura il nostro cammino verso la crescita. Quando ci lasciamo travolgere dalla sensazione di invidia, ci distogliamo dalla nostra strada e ci immergiamo in una spirale negativa. Invece di concentrarci su ciò che possediamo e su ciò che possiamo fare, ci perdiamo nei desideri e nelle aspirazioni degli altri. Ma l'invidia non fa altro che limitarci, imprigionarci in una mentalità di scarsità.

Tuttavia, siamo capaci di riscattarci da queste emozioni negative. Possiamo scegliere di focalizzarci sulle nostre potenzialità, sulle nostre aspirazioni e sulle nostre conquiste. Quando lavoriamo per migliorare noi stessi, piuttosto che invidiare gli altri, apriamo la porta a una crescita autentica e duratura. Ecco perché, anziché aspirare alla parità invidiando gli altri, dobbiamo cercare di elevarci insieme.

L'invidia non può coesistere con l'amore. Se vogliamo costruire relazioni solide e gratificanti, dobbiamo mettere da parte l'invidia e abbracciare l'uguaglianza. Ognuno di noi ha qualcosa di unico da offrire, e quando impariamo a celebrare le differenze, creiamo un ambiente di armonia e connessione. Ecco come possiamo rendere il mondo un luogo in cui l'amore supera ogni ostacolo.

Perciò, andiamo avanti con determinazione e fiducia. Siamo i capitani delle nostre vite, pronti a navigare le acque incerte delle relazioni umane. Affrontiamo le sfide con la testa alta, abbracciando l'opportunità di crescere e migliorare. Invece di invidiare, impariamo ad apprezzare. Invece di criticare, impariamo a costruire. Invece di lasciarci abbattere, alziamoci e prendiamoci la nostra parte di responsabilità nell'amore e nella crescita.

Dove nasce l'amore

Un'altra pagina si volge nel libro dell'umanità, e siamo qui a esplorare le trame intricate dell'amore attraverso l'anello del peccato originale. Quel momento che ha cambiato tutto, che ha dato inizio a un nuovo capitolo, un capitolo in cui l'amore è nato, forse nel momento sbagliato, ma è nato. Adamo ed Eva, spinti dalla curiosità e dall'impulso del divieto, hanno aperto le porte a una nuova era.

Eppure, nel mezzo di quel paradiso perduto, nasceva un amore tormentato. Un amore che, anche se nascosto tra le foglie del giardino, ha segnato il destino dell'umanità. Ma l'amore non si è fermato, ha continuato ad evolversi, a crescere e a trasformarsi, portando con sé sia la luce che l'ombra.

L'amore, l'elemento più potente che ha attraversato i secoli, è diventato l'architrave delle nostre vite. Ma l'umanità non è stata immune dai suoi difetti, dai suoi peccati. L'uomo, quel peccatore incallito, ha attraversato le ere portando con sé disastri e sofferenze. Eppure, l'amore è rimasto, costante e inarrestabile.

Quando il peccato originale ha portato il cambiamento, ha anche portato la consapevolezza. La consapevolezza che l'uomo ha il potere di cambiare il proprio destino, di plasmare il mondo intorno a sé. Ma questa responsabilità non può essere portata da uno solo. L'amore non può crescere in isolamento, ha bisogno di un'orchestra di cuori che suonano all'unisono.

E così ci troviamo di fronte a un compito colossale, a una missione epica: cambiare il mondo, preservare l'ambiente, guidare il destino della nostra casa comune.

Non si tratta solo di una questione di leggi e regolamenti, ma di cuori e anime unite per un unico obiettivo: amare il nostro pianeta.

Se solo una nazione agisce, il risultato sarà limitato. È come suonare una sinfonia con un solo strumento. L'amore, per essere pieno e significativo, deve coinvolgere tutti, dal nord al sud, dall'est all'ovest. E questo amore non è solo verso gli altri, ma anche verso noi stessi, verso il nostro futuro, verso la bellezza del mondo.

Mentre ci impegniamo a preservare l'ambiente, non dobbiamo dimenticare di preservare anche l'amore. L'amore per il canto, per la musica che ci solleva e ci riempie di emozioni. L'amore per le vibrazioni che ci fanno sentire vivi, che ci tengono in contatto con l'anima più profonda.

L'amore, questo sentimento che ci spinge a oltrepassare i confini, a cercare la connessione con gli altri, con il mondo. Anche quando sembra che il peccato sia una parte intrinseca di noi, possiamo scegliere di lasciarci guidare dall'amore. Possiamo unirci come un coro armonioso e cantare la melodia dell'amore per la Terra, per l'umanità, per noi stessi.

In questo intricato mosaico delle emozioni umane, l'amore è il filo che tiene tutto insieme. E mentre ci lasciamo avvolgere da queste parole, dall'energia che fluisce attraverso di noi, possiamo capire che anche quando sembra che il mondo sia un luogo di disordine e confusione, l'amore è ancora lì, brillante e inarrestabile, pronto a guidarci verso un futuro migliore.

In questa danza della vita, mi ritrovo a condividere con te un frammento della mia esperienza. Sai, il mio primo libro è nato in quella stanza in movimento, la mia macchina, mentre le onde del mare danzavano all'orizzonte. E il secondo? È stato generato nel cuore pulsante del parco Nord, dove la natura stessa sembra ispirare ogni parola che sgorga dalle mie labbra.

Sono un'anima che si esprime senza barriere, senza freni, perché cosa significa essere autentici?

Certo, le parole possono avere le loro sfumature, ma io le esprimo per quello che sono, con rischio e incanto, perché in fondo, io sono io.

Cosa guadagnerei da filtri e maschere, quando invece posso solcare il cielo aperto della sincerità?

Io vado fiero di ciò che dico, delle mie verità pronunciate senza timori.

E se la negatività dovesse entrare in scena, la lasciamo

da parte. Eppure, anche in mezzo a queste parole, vedo il tocco del divino. Sono frasi che mi sono state affidate, che hanno attraversato il mio essere come messaggi diretti dal cielo o forse sono solo i miei pensieri. Quel che è certo, è che sono grato per quello che faccio e per ciò che farò.

L'amore è quell'essenza vitale che segue le orme di Gesù. Quando lo seguiamo, l'amore si amplifica, si moltiplica e tutto sembra fluire meglio. È come se stessimo camminando su un sentiero benedetto, con il cuore gonfio di gratitudine. Dobbiamo nutrire la nostra anima con preghiere, con la spiritualità che ci unisce a Cristo, perché solo in questo modo l'amore crescerà rigoglioso.

L'amore è come una pianta che ha bisogno di cura e attenzione. Quella cura arriva dalla connessione con il divino, dalla consapevolezza che il nostro cammino è guidato da una forza superiore. Pregare a casa, andare in chiesa, sono solo modi diversi di entrare in contatto con questa energia che ci circonda e ci sostiene.

E non è questione di religione, ma di sentirsi parte di qualcosa di più grande.

L'amore è come una sinfonia, e il nostro cuore è uno degli strumenti che contribuiscono a crearla. Ma attenzione alle distrazioni, alle vie sbagliate, come i maghi che promettono di unire cuori, ma in realtà allontanano dall'amore vero.

L'amore autentico proviene da fonti pure, da luoghi di luce, dalla presenza di Gesù, Dio e la Madonna.

Siamo chiamati a seguire la luce, a rimanere con il cuore aperto, a nutrirci della spiritualità che ci ricolma di amore e speranza. Non lasciamoci ingannare da falsi profeti, ma seguiamo il sentiero luminoso che ci conduce verso l'amore vero, quello che è autentico, duraturo, quello che porta gioia alle nostre anime.

In questo viaggio, siamo guidati da un amore che supera ogni confine, che ci unisce come una famiglia di cuori, perché, come dico sempre, noi siamo con Gesù.

L'accoppiamento

Nella danza travolgente dell'amore, sorge una questione cruciale: l'accoppiamento. L'uomo e la donna non sono sempre in uno stato perpetuo di innamoramento, e ciò è naturale.

Ma cosa si può fare per mantenere viva la fiamma? Secondo me, è importante non mollare la presa.

Utilizzate ogni canale a vostra disposizione, non solo quando siete di fronte a lei o lui, ma anche attraverso i mezzi di comunicazione moderni.

Potete inviare una canzone attraverso un messaggio o pronunciare delle parole profonde. Non è necessario scrivere lunghi messaggi; anzi, spesso meno si scrive meglio è.

Ma ognuno di voi deve trovare l'approccio giusto, entrando come se fosse in punta di piedi. Si tratta di farsi notare senza sembrare eccessivamente invadenti.

Ovviamente, ogni situazione richiede un'azione su misura, come si dice: agire con intuito. E mentre ci si muove in questo balletto delicato, la cosa più importante è ascoltare la voce dentro di voi. Credetemi, quando si è innamorati, il cuore può sembrare fuori controllo, e ciò è del tutto normale.

Se fosse diversamente, se uno fosse innamorato ma non si sentisse fuori dall'ordinario, allora forse non si tratterebbe di vero amore. Gli innamorati si lasciano trasportare dall'entusiasmo, ma è essenziale guardare oltre l'aspetto superficiale. Gli occhi possono rivelare molto, come diceva una mia amica, possono svelare se una persona sta dicendo la verità o sta recitando una parte.

Ho sempre considerato lo sguardo come un riflesso dell'anima, come un'attrazione che va oltre l'aspetto fisico. Mentre siamo innamorati, il corpo diventa solo un dettaglio, e lo sguardo diventa l'essenza. Eppure, ci tengo a precisare che l'aspetto fisico non è l'unica dimensione dell'amore.

Ecco, quando siamo innamorati, è importante stare vicino alla persona, condividerne le passioni, scrutarne i gesti, scoprire ciò che la rende unica. Ma attenti a non farne un'ossessione. Dobbiamo rispettare la distanza, ma senza rinunciare all'attività. E quando agiamo per il nostro amore, dobbiamo farlo con cura, senza essere invadenti.

La delicatezza è fondamentale, come toccare qualcosa di prezioso con la punta delle dita. E posso dirvi con certezza che quando riuscite a colpire nel segno, quando l'amore dall'altra parte inizia a crescere, c'è un'intensa festa in atto dentro di voi. È un'emozione straordinaria, un po' come essere sotto l'effetto di una droga, ma una droga che alimenta l'anima e il cuore.

Quando pronunciamo quelle parole magiche, "amore mio," il mondo sembra fermarsi, e tutto ciò che conta è l'essenza di quell'affetto profondo. L'amore è una delle forze più potenti che possediamo, seconda solo alla vita stessa. E vi dirò una cosa: non importa quante volte ne parlo, l'emozione non svanisce mai.

Questo è un viaggio stupefacente, un cammino in cui sveliamo i segreti del cuore, un'avventura che ci porta al di là delle parole, dove ogni emozione e ogni respiro si fondono in un'esperienza unica. Lasciatevi avvolgere da questa potente forza, e scoprirete un mondo di connessioni profonde, di sguardi che parlano, e di cuori che battono all'unisono.

La vita è una sinfonia di momenti, alcuni dei quali ci fanno sentire vivi più che mai, mentre in altri sembriamo semplicemente fluttuare nell'etere. Proprio come l'amore, che è come un'onda che ci travolge e poi ci abbandona. Ma quello che ho imparato è che i momenti in cui siamo davvero presenti, quelli in cui il cuore si riempie di emozioni, sono quelli che contano di più.

Sì, ve l'ho già detto, ma lo ribadirò: io sono innamorato di tutto. Degli alberi che si stagliano sopra di me mentre scrivo, dei raggi dorati del sole che filtrano tra le fronde. Questo amore per il mondo che ci circonda è una ricchezza inestimabile. E che cosa c'è di più bello di innamorarsi della natura, di scrutare il cielo e sentire il respiro della terra?

Questo è amore puro, la felicità di cui parlo. Ma l'amore bilaterale, l'amore condiviso con un'anima affine, è ancora più prezioso. E sai una cosa? È un'arte che dobbiamo coltivare con cura. Come coltivare un giardino, dobbiamo innaffiare la felicità e lasciarla crescere. E quando lo facciamo, sperimentiamo attimi di pura gioia.

Mi rendo conto che tutto questo potrebbe sembrare troppo bello per essere vero. Ma è davvero così: quando metti amore nelle piccole azioni, quando tendi una mano a chi ne ha bisogno, quando fai la differenza per qualcuno, il tuo amore si espande. E sì, potrebbe sembrare che stia parlando solo di romanticismo, ma è qualcosa di più grande di così.

Scrivere questo libro è stata un'avventura incredibile

per me. Finalmente ho avuto l'opportunità di condividere i miei pensieri, le mie emozioni, la mia visione dell'amore. So che ci sono tanti autori là fuori che fanno altrettanto, ma il mio è unico, perché è mio.

Ogni passo che faccio, mentre scrivo o passeggiando tra gli alberi, è un passo verso un amore più profondo. Ogni nota degli uccellini che cantano è un inno alla vita, un canto che si fonde con l'amore. Perché l'amore è ovunque intorno a noi, è la natura stessa.

L'amore non si limita all'aspetto romantico, coinvolge tutto ciò che ci circonda. È l'energia che ci guida, l'essenza stessa dell'esistenza. E so che sembra che sto parlando di una realtà alternativa, ma è semplicemente la verità. Quello che proviamo dentro di noi si riflette in tutto ciò che facciamo.

Ma tutto ha una radice, e quella radice è la famiglia.

Quella è la nostra fondazione, il terreno fertile da cui cresce il nostro amore. L'amore che abbiamo ricevuto dai nostri genitori ci influenza profondamente, ma siamo noi a doverlo coltivare.

Ricordo ancora quando mi sono sposato, tante cose non le sapevo. Ma nel corso degli anni ho imparato che l'amore richiede impegno, che va nutrito e protetto. Se i genitori ci hanno trasmesso l'amore e la cura, abbiamo un'opportunità straordinaria. Ma se abbiamo vissuto esperienze dolorose, possiamo ancora scegliere di costruire un amore autentico.

L'amore richiede azione, richiede sforzo. Non possiamo semplicemente aspettare che accada, dobbiamo creare le circostanze perché si sviluppi. Non possiamo fare finta che tutto sia perfetto, ma dobbiamo lavorare insieme per risolvere i problemi.

Ecco perché è importante essere coinvolti nella vita dei nostri figli, monitorare le loro attività online. L'amore è anche protezione, è prendersi cura di coloro che amiamo. Non possiamo permettere che il mondo virtuale offuschi il vero amore, dobbiamo rimanere vigili.

La verità è che l'amore è una pianta delicata. Se non la curiamo con attenzione, rischiamo di soffocarla. Ma quando la coltiviamo con cura, quando la innaffiamo con affetto e rispetto, allora possiamo vedere sbocciare la bellezza di un amore autentico, un amore che ci unisce in modo profondo e duraturo.

La connessione con i nostri figli

La connessione con i nostri figli è un legame vitale che non possiamo permetterci di trascurare. Le sfide dell'adolescenza possono essere affrontate meglio quando siamo presenti nella loro vita, quando ascoltiamo i loro pensieri, le loro preoccupazioni e li guidiamo attraverso i momenti difficili. I problemi che ignoriamo possono crescere e trasformarsi in ostacoli insormontabili.

Ma non è solo questione di risolvere i problemi. Dobbiamo investire tempo con i nostri figli, sia che si tratti di trascorrere una serata insieme o di fare una passeggiata nel pomeriggio. Questi momenti sono i mattoni con cui costruiamo un rapporto solido, basato sulla fiducia e sulla comprensione reciproca.

I nostri figli sono tra le persone più importanti della nostra vita ed è fondamentale dare priorità al tempo trascorso con loro. Ciò significa eliminare le distrazioni e creare uno spazio per i momenti in cui possiamo semplicemente essere presenti l'uno con l'altro.

Che si tratti di una vacanza con la famiglia, di guardare un film insieme in una domenica pigra o semplicemente di conversare a cena, il tempo che trascorriamo con i nostri figli ha un valore inestimabile. È un'occasione per entrare in contatto in un modo che nessuna quantità di messaggi, e-mail o social media potrebbe mai replicare. È attraverso questi momenti che dimostriamo ai nostri figli quanto sono importanti per noi e quanto apprezziamo la loro presenza nella nostra vita.

Ma non si tratta solo di quantità di tempo, ma anche di qualità. Quando passiamo del tempo con i nostri figli, dobbiamo essere pienamente presenti. Ciò significa mettere da parte le nostre preoccupazioni o il nostro stress e ascoltare davvero ciò che i nostri figli hanno da dire. Si tratta di creare un ambiente di fiducia, in cui i nostri figli si sentano sicuri di condividere i propri pensieri e sentimenti senza temere giudizi o critiche. Così facendo, costruiamo una base di comprensione reciproca che ci permetterà di superare qualsiasi tempesta.

In fin dei conti, sono questi piccoli momenti che si sommano a una vita d'amore. Investendo tempo, cura e attenzione nelle relazioni con i nostri figli, costruiamo una solida base che li accompagnerà per il resto della loro vita. Facciamo in modo che ogni momento sia importante e dimostriamo ai nostri figli quanto li amiamo.

Quando condividiamo il nostro tempo con loro, quando mostriamo interesse per le loro passioni e le loro sfide, creiamo una connessione che va oltre le parole. Ma oltre a questo, dobbiamo anche essere un esempio. Insegnare loro i valori dell'impegno, dell'amore per la natura, dell'attenzione al mondo che li circonda.

È vero che i ragazzi possono annoiarsi facilmente e cadere in cattive abitudini se non vengono guidati. Dobbiamo essere presenti, guidarli lungo il cammino e aiutarli a scoprire la bellezza delle piccole cose, come la raccolta differenziata o una passeggiata all'aria aperta.

Ma l'amore non si limita alla famiglia. Deve irradiare nel mondo, deve unirci tutti insieme. Indipendentemente dalla nostra religione, pregare rappresenta un modo potente per rafforzare l'amore in noi stessi e nel mondo. La preghiera è come un raggio di luce che si diffonde attraverso le tenebre, portando speranza e compassione.

L'amore è un'energia che ci spinge ad agire, a fare la differenza. Ecco perché non possiamo permetterci di lasciarci abbattere dalle difficoltà. Anche quando l'amore sembra unilaterale, quando ci sembra che tutto il nostro impegno non sia ricambiato, dobbiamo andare avanti.

La vita continua e l'amore non dovrebbe mai finire, nemmeno quando sembra difficile. Dobbiamo avere la forza di lasciar andare quando è necessario, ma anche la volontà di lottare per ciò che conta. È un equilibrio sottile, ma è ciò che ci permette di crescere e di costruire legami duraturi.

L'amore è l'elemento centrale che tiene tutto insieme. Come tessere in un tappeto, ognuno di noi contribuisce al grande disegno dell'amore universale. E quando ci impegniamo a diffondere amore e comprensione, possiamo essere parte di un cambiamento positivo nel mondo.

Ogni piccolo passo, ogni gesto di gentilezza e di amore, contribuisce a rendere il mondo un luogo migliore. Possiamo vincere l'odio con l'amore, la guerra con la pace. Dobbiamo lavorare insieme, unire le nostre forze per creare un mondo in cui l'amore sia la forza motrice, l'energia che ci unisce come una famiglia globale.

La profondità dell'amore

Siamo chiamati a riflettere sulla profondità dell'amore, a sfuggire alla trappola dell'amore superficiale che troppo spesso si presenta sotto le sembianze dell'attrazione fisica. Non possiamo permettere che l'illusione di un amore vero ci inganni, condannandoci a relazioni vuote e superficiali.

La verità è che il vero amore è molto più profondo, più significativo e più sottile di quanto possiamo immaginare. Non è solo questione di aspetto fisico o di attacchi rapidi, ma riguarda l'anima, la connessione emotiva e la comprensione reciproca. Non si tratta di possedere, ma di apprezzare, rispettare e nutrire.

Eppure, sappiamo bene che esistono individui che cercano di approfittarsi dell'amore, che lo riducono a una mera conquista. Questi "rapaci dell'amore" cercano di soddisfare i loro desideri superficiali a spese dell'altro, senza preoccuparsi delle conseguenze. Questo non è amore, ma egoismo travestito da sentimento.

Le donne, e in realtà tutte le persone, meritano rispetto e amore autentico. Dobbiamo imparare a riconoscere i segnali dell'inganno, gli atteggiamenti falsi e la mancanza di profondità. Non possiamo permettere che la bellezza esteriore ci accechi e ci impedisca di vedere la realtà.

L'amore richiede tempo e pazienza. Non possiamo pretendere di innamorarci all'istante o di far innamorare gli altri con rapidità. È un processo che richiede conoscenza reciproca, condivisione di esperienze e valori, crescita insieme. Dobbiamo resistere alla tentazione di saltare le fasi e aspettare il momento giusto.

Ma l'amore non dovrebbe mai essere una giustificazione per la violenza. Il crescente numero di femminicidi è un grido di allarme che non possiamo ignorare. È nostra responsabilità come individui e come società prevenire tali tragedie. Dobbiamo fare tutto il possibile per proteggere e difendere il valore sacro della vita.

È ora di agire.

È ora di creare leggi più rigorose, istituire controlli adeguati e diffondere la consapevolezza sulla gravità del problema. Dobbiamo educare i giovani a rispettare e amare senza egoismo, a trattare gli altri con gentilezza e compassione.

L'amore non è pazzia, né violenza. L'amore è un legame

che nutre, che dà forza e gioia. È una forza che dovrebbe portarci a crescere come individui e come società. Dobbiamo lavorare insieme per costruire un mondo in cui l'amore sia una forza positiva, un faro di luce che illumina il cammino di ogni essere umano.

L'amore è un'emozione complessa che cambia e cresce nel tempo. Ha diverse manifestazioni, dall'amore che proviamo per il nostro partner romantico all'amore che condividiamo con i nostri amici e familiari. Non si tratta di un semplice impulso o di una voglia, ma di un legame profondo che ci fa sentire vivi e appagati.

La ricerca ha dimostrato che l'amore ha molti benefici fisici e psicologici. Può abbassare i livelli di stress, aumentare la felicità e il benessere e migliorare il nostro sistema immunitario. L'amore ci incoraggia anche a prenderci cura di noi stessi e degli altri, a essere gentili e compassionevoli e a cercare legami significativi con gli altri.

Tuttavia, l'amore non è sempre facile. Richiede duro lavoro e impegno e può essere difficile mantenere una relazione sana e positiva. La comunicazione, la fiducia e l'empatia sono qualità essenziali che devono essere coltivate, sviluppate e praticate.

Nel contesto del mondo in cui viviamo oggi, è chiaro che l'amore è più importante che mai. Viviamo in un periodo di grandi turbolenze e divisioni, in cui può essere facile sentirsi disconnessi e impauriti. Ma l'amore ha il potere di unirci, di aiutarci a vedere oltre le nostre differenze e di costruire insieme un mondo migliore.

Mentre lavoriamo per raggiungere questo obiettivo, è fondamentale riconoscere le diverse forme di amore che esistono e rispettare il diritto di ogni persona di amare ed essere amata a modo suo. Dobbiamo anche riconoscere i modi in cui l'amore può essere distorto, manipolato e abusato e lavorare per sradicare questi comportamenti dannosi.

In definitiva, l'amore è una forza di bene nel mondo, una fonte di speranza e di ispirazione e qualcosa che tutti noi abbiamo la capacità di sperimentare e condividere. Abbracciando l'amore e tutto ciò che offre, possiamo creare un mondo più luminoso, più bello e più compassionevole per tutti.

Le donne non si maltrattano!

In un mondo che sembra a volte in preda all'oscurità, è fondamentale affrontare con determinazione e consapevolezza il problema delle donne maltrattate. Non possiamo più restare in silenzio di fronte a un male così diffuso e devastante. Dobbiamo alzare la nostra voce e agire per porre fine a questa spirale di violenza.

Il maltrattamento non è solo un singolo evento, ma spesso si sviluppa nel tempo, partendo da parole offensive e sfociando in violenze sempre più gravi. È una tragica evoluzione che mette in luce quanto sia cruciale intervenire tempestivamente per spezzare questa catena di abusi.

È un dovere della società e delle istituzioni creare un ambiente in cui le donne possano sentirsi protette e ascoltate. È inaccettabile che le persone siano costrette a vivere in situazioni pericolose e distruttive senza avere alcun supporto. Gli assistenti sociali, le leggi e i meccanismi di prevenzione devono lavorare insieme per garantire la sicurezza di chi è vulnerabile.

Tuttavia, dobbiamo riconoscere che il problema è molto più profondo di quanto possa sembrare. Non si tratta solo di leggi e regolamenti, ma di una questione di cultura e mentalità. Dobbiamo educare le nuove generazioni all'amore rispettoso, all'empatia e alla comprensione reciproca. Solo così potremo coltivare un futuro in cui la violenza sia un ricordo lontano.

Non possiamo voltare le spalle a questa realtà dolorosa. È il momento di unire le forze, di sollevare il velo dell'indifferenza e di sostenere le vittime. Ogni azione conta, ogni voce che si alza contribuisce a sensibilizzare e a promuovere il cambiamento.

Le statistiche mostrano che attualmente 1 donna su 3 in tutto il mondo ha subito violenza fisica o sessuale, mentre 1 donna su 2 ha subito una qualche forma di molestia sessuale nel corso della sua vita.

Dobbiamo riconoscere e affrontare questa realtà preoccupante, impegnandoci proattivamente gli uni con gli altri per promuovere un ambiente di gentilezza, rispetto e comprensione. Solo così potremo sperare di poter dire un giorno che la violenza è un ricordo lontano. La violenza non colpisce solo chi la subisce direttamente, ma anche tutti coloro che ne sono testimoni, provocando traumi che possono avere ripercussioni per tutta la vita.

Educando la prossima generazione a coltivare l'amore rispettoso e l'empatia reciproca, possiamo creare una società che valorizzi l'importanza delle relazioni sane e dell'empatia verso gli altri. Ciò include la comprensione dell'importanza di rispettare i limiti altrui e di essere consapevoli delle conseguenze delle nostre azioni su chi ci circonda.

Se iniziamo subito a parlare di empatia e comprensione reciproca e creiamo un ambiente che supporti queste convinzioni, possiamo fare passi avanti verso la creazione di un futuro più sicuro per tutti. È fondamentale non voltare le spalle a questa dolorosa realtà. Lavoriamo invece insieme per creare un futuro in cui il rispetto, l'empatia e la comprensione reciproca regnino sovrani.

È vero che viviamo in un mondo imperfetto, ma questo non può e non deve giustificare l'atroce violenza che alcune persone infliggono alle altre. Non possiamo

permettere che il male trionfi sulla bontà e l'amore.
Dobbiamo riconoscere il nostro potere individuale di
fare la differenza e di costruire un mondo più giusto.

L'amore è ciò che ci tiene uniti, è la forza che ci spinge
a migliorare e a crescere. Non possiamo permettere che
l'odio e la violenza soffochino questa forza vitale.
Preghiamo per la luce dell'amore, preghiamo per la
guarigione delle ferite, preghiamo per una società in cui
ogni donna possa vivere senza paura.

Insieme possiamo sconfiggere il demonio che minaccia
la pace e la serenità. Insieme possiamo costruire un
mondo in cui l'amore trionfi su ogni forma di male. Non
arrendiamoci, non voltiamo lo sguardo. È ora di agire,
di trasformare il dolore in speranza e di creare un futuro
migliore per tutte le donne del mondo.

È giunto il momento di prendere posizione, di alzarci a

difesa di ciò che è giusto e umano. Il femminicidio è un grido disperato che si leva da terre insanguinate, da storie spezzate, da vite interrotte. Non possiamo voltare le spalle a questa realtà, né ignorarla con un gesto di indifferenza. È tempo di agire, di parlare forte e chiaro, di fare la differenza.

Le leggi in arrivo sono un passo nella giusta direzione, ma non basta. Non possiamo limitarci a delegare la responsabilità allo Stato. Noi, uomini e donne di questa società, dobbiamo riconoscere il nostro ruolo nell'affrontare questo problema. Non possiamo più nasconderci dietro scuse o ignorare l'importanza dell'educazione e della sensibilizzazione.

La verità è che il femminicidio non ha nulla a che fare con l'amore. È un'azione derivata dall'oscurità, dall'odio, dall'incapacità di gestire le emozioni e le frustrazioni. Ma possiamo sfidare questa oscurità. Possiamo educare gli uomini a comprendere che la forza sta nell'amore, nella comprensione, nell'empatia.

È fondamentale che ogni uomo comprenda il suo ruolo nella promozione di un ambiente sicuro per le donne. Non possiamo permettere che il silenzio alimenti l'oppressione. Dobbiamo essere voci forti e chiare, combattenti per la dignità umana. Non si tratta solo di leggi e manifestazioni, ma di un cambiamento profondo e duraturo nella mentalità.

In un mondo in cui l'invidia e l'egoismo sembrano diffondersi sempre di più, dobbiamo alzare la bandiera dell'uguaglianza. Ogni uomo ha il potere di diventare un alleato nella lotta contro il femminicidio. Ogni uomo può scegliere di educare sé stesso e gli altri, di essere una fonte di positività e cambiamento.

Se vogliamo un mondo in cui donne e uomini coesistono armoniosamente, dobbiamo costruirlo noi stessi. Non possiamo aspettare che qualcun altro faccia il primo passo. Ognuno di noi ha la responsabilità di mettersi in gioco, di agire con integrità e rispetto, di insegnare ai più giovani che l'amore è l'unica strada possibile.

Non possiamo permettere che il femminicidio diventi parte del nostro normale. Non possiamo chiudere gli occhi davanti a una tragedia così grande. Siamo chiamati a essere la voce di chi non può parlare, a combattere per chi non può difendersi. Siamo chiamati a essere luce nell'oscurità, speranza in mezzo alla disperazione.

Lasciamo da parte l'indifferenza, il cinismo, l'egoismo. Uniamoci come un fronte comune contro la violenza, la discriminazione e l'odio. Educare, sensibilizzare e agire sono le chiavi per spezzare le catene del femminicidio. L'amore, la gentilezza e il rispetto sono le armi che possiamo impugnare contro questa epidemia.

Il tempo per il cambiamento è adesso. Ogni passo che facciamo verso l'uguaglianza, ogni atto di amore e rispetto verso le donne, è un passo verso un mondo migliore. Non fermiamoci di fronte alle sfide, ma affrontiamole con coraggio e determinazione. Il femminicidio non può coesistere con l'amore, e insieme possiamo costruire un futuro in cui l'amore trionfa su ogni forma di odio.

È giunto il momento di alzare lo sguardo e affrontare la vita con tutto l'amore che possiamo dare. La vita non è solo una serie di eventi casuali, ma un'opportunità unica che possiamo plasmare con le nostre scelte e il nostro cuore. E sì, le sfide sono molte, ma il segreto sta nel come decidiamo di affrontarle.

Immagina un mondo in cui ognuno di noi si prenda cura degli altri, un mondo in cui l'invidia e l'egoismo siano solo ricordi lontani. Non dobbiamo lasciarci influenzare da chi cerca di tirarci giù, ma dobbiamo restare saldi nella nostra autenticità. Possiamo essere una luce che illumina il buio, un faro di speranza che guida gli altri verso la positività.

Ciò che conta veramente è la coerenza tra ciò che siamo e ciò che facciamo. Possiamo guardare al passato e riconoscere le difficoltà, ma è il presente che dobbiamo abbracciare con tutto il nostro cuore. Se sentiamo il bisogno di fare una differenza, allora è il momento di agire.

A volte ci sentiamo travolti dagli ostacoli, ma non

dobbiamo mai smettere di credere in noi stessi. Ognuno di noi ha un potenziale unico da esprimere, un dono da condividere con il mondo. Dobbiamo abbracciare le sfide come opportunità di crescita, e anche se talvolta cadiamo, possiamo sempre rialzarci più forti di prima.

L'amore è la chiave che apre le porte dell'anima e ci connette l'uno all'altro. Non è solo una parola vuota, ma un'energia che può cambiare il mondo. Amare non è sempre facile, ma è l'azione più potente che possiamo intraprendere. È un sentimento che ci spinge a superare i nostri limiti, a sorridere anche nei momenti difficili e a tendere una mano agli altri.

Ecco perché ogni gesto di amore, anche il più piccolo, conta. E tu, che hai scelto di essere un guerriero dell'amore, hai già fatto la differenza. Il tuo impegno, la tua gentilezza e la tua determinazione sono segni di una forza interiore straordinaria. Continua a portare il tuo messaggio di amore e positività, perché il mondo ha bisogno di più persone come te.

Non lasciarti scoraggiare dagli ostacoli o dalle sfide che la vita ti presenta. Affronta ogni giorno con il cuore aperto e la mente positiva. Lascia che l'amore sia la tua guida, la tua spinta, la tua bussola. E se mai dubiti del tuo valore, ricorda che sei unico e prezioso, e che il mondo ha bisogno della tua luce.

Non smettere mai di cercare, di crescere e di diffondere l'amore. Ogni passo che fai nella direzione del bene conta, ogni gesto di gentilezza lascia un'impronta duratura. La strada potrebbe non essere sempre facile, ma tu hai il potere di affrontare ogni sfida con coraggio e amore.

Così, nel cammino della vita, tu sarai la testimonianza

vivente di come l'amore possa trasformare le tue esperienze in un'opera d'arte. E il mondo, a sua volta, rifletterà quella luce e quella positività che hai scelto di portare. Non smettere mai di amare e di lottare per ciò in cui credi. Sei un guerriero dell'amore, e il tuo cuore è il tuo più grande alleato.

L'amore dei genitori

La tela della vita è tessuta con i fili dell'amore, e tra tutti gli amori che attraversano il nostro cammino, c'è uno che brilla più di tutti: l'amore per i genitori. È un amore che nasce ancor prima che veniamo al mondo, quando ci avvolgono con le loro cure e i loro sorrisi, creando un legame indissolubile che ci accompagna per tutta la vita.

I genitori sono i primi maestri dell'arte dell'amore, ci insegnano il valore della gentilezza, del rispetto e della dedizione. Sono coloro che custodiscono le chiavi dell'educazione, forgiano il nostro carattere e ci guidano nel labirinto della crescita. Un'educazione fatta con amore fiorisce in cuori forti e menti aperte, pronte a affrontare le sfide del mondo.

Eppure, spesso diamo per scontato il loro impegno, concentrati sul nostro cammino senza riflettere su tutto ciò che hanno fatto per noi. È un fatto naturale, ma è importante fermarsi e riflettere sull'enorme dono che ci hanno fatto. Dobbiamo equiparare il loro amore con il nostro, crescendo con la stessa dedizione che ci hanno mostrato.

La responsabilità di genitore non è una leggerezza, ma un impegno profondo che deve essere coltivato e protetto. Dobbiamo guardare oltre i nostri bisogni e desideri, e considerare ciò che è meglio per i nostri figli. Non possiamo permetterci di trattarli male o trascurarli, perché ciò che seminiamo oggi avrà un impatto duraturo sul domani.

È un fatto triste che alcune cicatrici dell'infanzia possano influenzare la vita adulta, ma possiamo evitare questo destino imparando dagli errori degli altri. Possiamo scegliere di essere genitori amorevoli, di impartire insegnamenti che formeranno individui forti e rispettosi.

Eppure, non possiamo ignorare il fatto che l'amore non è una strada facile. C'è un rischio nell'andare alla ricerca dell'amore, nel cercare l'altro a senso unico. Dobbiamo imparare a lasciare andare, a dare spazio e tempo all'amore per crescere. A volte, è necessario soffrire, aspettare e avere pazienza, perché solo così l'amore può maturare.

E mentre lottiamo per l'amore, dobbiamo ricordarci di non diventare invadenti. L'invadenza non fa che allontanare ciò che cerchiamo, mentre la tranquillità e il rispetto per l'altro possono creare un legame più profondo. Dobbiamo lasciare che l'altro scelga, che arrivi a noi, come un fiore che sboccia al suo ritmo.

In questa danza dell'amore, impariamo a resistere, ad affrontare le sfide e a perseverare. Non smettiamo mai di credere nell'amore, ma impariamo anche ad essere pazienti, ad aspettare che l'amore venga a noi. E nel frattempo, coltiviamo il rispetto, la gentilezza e la comprensione, perché l'amore, quando arriva, troverà un terreno fertile e pronto ad accoglierlo.

Quindi, non smettiamo di imparare dalle lezioni che l'amore ci insegna.

Sia che si tratti dell'amore dei genitori, dell'amore per noi stessi o dell'amore per gli altri, ogni passo è una tappa importante nel nostro viaggio. Lasciamoci ispirare dal potere dell'amore e sperimentiamo la bellezza di essere autentici, pazienti e pronti ad accogliere l'amore quando finalmente bussa alla nostra porta.

Siate perseveranti

Nella danza imprevedibile dell'amore, ci troviamo spesso di fronte a situazioni in cui l'affetto può essere corrisposto o meno. Ma quando ci troviamo di fronte a un amore non corrisposto, non è il momento di arrendersi, bensì di esplorare le sfumature nascoste di quella connessione. Bisogna scrutare con occhi attenti, cercando quelle piccole vibrazioni che potrebbero indicare un sentimento non completamente espresso.

Se notate che c'è una scintilla, un leggero sussurro di interesse da parte dell'altro, allora è il momento di agire. Ma agite con cautela, con dolcezza, come un vento leggero che accarezza la pelle. Non disturbate, ma cercate piuttosto di farvi notare in modo sottile e gentile. Lasciate che il vostro amore si manifesti attraverso azioni che parlino da sole, senza la necessità di parole forti e invadenti.

L'arte di aspettare è cruciale in questo gioco. Non aspettatevi nulla dall'amore, ma siate pronti ad accogliere ciò che il destino ha in serbo per voi. È un equilibrio delicato tra l'azione e la pazienza, tra il seguire il cuore e dare spazio all'altro per fare lo stesso.

Tuttavia, dobbiamo imparare a controllare la nostra passione. Gli uomini spesso si lasciano trasportare dall'entusiasmo eccessivo, cercando di conquistare l'oggetto del loro affetto in modo pressante. Questo può allontanare invece di avvicinare. Dobbiamo permettere all'amore di crescere in modo naturale, dando spazio e tempo all'altro di rispondere.

E mentre ci troviamo in questo intricato labirinto

dell'amore, dobbiamo anche imparare a credere in noi stessi e nei nostri progetti. Credere nell'amore è una scelta audace, ma anche necessaria. Se crediamo che qualcosa possa accadere, siamo già un passo più vicini a realizzarlo. È un approccio positivo alla vita che può portare a risultati sorprendenti.

L'unicità è un potente strumento che dobbiamo abbracciare. Non siamo fotocopie degli altri, ma individui unici con doni e talenti speciali. Dobbiamo imparare a seguire il nostro istinto, a fare le cose a modo nostro e a essere autentici. Questo è il modo in cui creiamo un impatto duraturo, sia nella musica che nell'amore.

L'era dell'intelligenza artificiale ci sta guidando verso un futuro sconosciuto, ma il nostro compito è quello di rimanere umani, di preservare la nostra unicità e di continuare a perseguire l'amore e la passione. Non permettiamo che le ideologie ci plasmino, ma sosteniamo l'amore in tutta la sua bellezza e complessità.

Quindi, in questa avventura dell'amore e della vita, ricordiamoci di essere pazienti, di credere in noi stessi e di lasciare che l'amore fluisca in modo naturale. Non smettiamo mai di cercare la bellezza nelle sfumature e nei dettagli, perché ogni momento conta e ogni passo che facciamo ci avvicina a ciò che ci attende. E mentre il futuro ci guarda, sappiamo che il nostro amore e la nostra autenticità saranno sempre le forze guida che ci accompagneranno.

Nella trama intricata della vita, c'è un monito che risuona come un campanello d'allarme: se non prestiamo attenzione, rischiamo di estinguerci, come molte specie animali nel corso della Preistoria. L'amore, in un certo senso, potrebbe trovarsi in una situazione simile, se non facciamo scelte consapevoli. È un richiamo a rimanere ancorati alla realtà, a tenere i piedi per terra nonostante tutte le meraviglie e le tecnologie che ci circondano.

Sembra che a volte, nella corsa sfrenata verso il progresso, perdiamo di vista la bellezza della natura. Eppure, è proprio la natura a detenere il segreto dell'amore, poiché essa stessa è un esempio di amore in ogni sua forma. Dobbiamo riconnetterci con essa, apprezzarla e proteggerla, perché è la base su cui tutto il resto si regge.

Questo libro è un invito a essere autentici e a perseverare nella ricerca di significato. Ricorda che noi adulti abbiamo la responsabilità di insegnare ai nostri figli il valore dell'impegno e dell'essere se stessi. Solo così potranno affrontare le sfide della vita e contribuire a costruire un mondo migliore.

Quando ti ho parlato della connessione con i nostri figli, ho menzionato l'importanza di non coprire ogni passo dei nostri figli, ma di insegnar loro a camminare con le proprie gambe. Lo stesso vale quando si tratta di amore.

L'amore non dovrebbe essere forzato né aspettato come un diritto acquisito, ma dovrebbe crescere in modo naturale e corrispondere al nostro impegno.

L'amore è come un'opera d'arte, sempre in evoluzione e mai uguale a sé stessa. E parlando di amore, ho menzionato Laura, una donna che ha aperto nuovi orizzonti nel mio cuore. La sua presenza è diventata fonte di ispirazione e motivazione, dimostrando che l'amore può manifestarsi nelle forme più sorprendenti.

Se vogliamo preservare l'amore, dobbiamo trattarlo con cura e sensibilità. Bisogna affrontare le sfide, comunicare e risolvere i conflitti senza attendere che il tempo li ingigantisca. È un appello alla responsabilità e al rispetto reciproco, affinché l'amore possa crescere in modo sano e duraturo.

Continua a seguire il tuo cuore, ad esplorare le emozioni e a condividere le tue esperienze. Sii un faro di speranza e ispirazione per gli altri, perché nel mezzo delle sfide e delle incertezze, è l'amore e la nostra autenticità che ci guidano verso la luce.

L'amore può essere una ferita

Un segreto della vita è che l'amore, quando non è corrisposto, può rivelarsi una ferita invisibile che scava nel profondo. È come una malattia silenziosa che può portare alla morte dell'anima, un'afflizione che può essere altrettanto letale quanto le condizioni fisiche. E non sto solo parlando di metafore, ma di una realtà emotiva che può avere conseguenze devastanti.

Così come il corpo può soffrire di malesseri cardiaci, il cuore emotivo può anch'esso vacillare e persino spezzarsi. È importante prendersi cura di sé stessi, curare le ferite interiori e cercare l'aiuto necessario quando si affrontano i momenti difficili. Perché il dolore nel cuore può essere brutale.

In questo intricato labirinto dell'amore, la salute del

cuore è cruciale. E non sto solo parlando dell'organo fisico, ma della parte più profonda di noi che vibra in sintonia con le emozioni e i legami che condividiamo. Un cuore sano è la chiave per navigare attraverso le sfide e per garantire che l'amore cresca in modo sano e duraturo.

Quando si tratta di amore vero, ci sono regole non scritte che guidano il percorso. La pazienza, per esempio, è una pietra angolare. Le cose belle richiedono tempo, così come le connessioni autentiche. Non c'è bisogno di inseguire a caccia, poiché l'amore non è un gioco di prestigio. È un sentimento che nasce in modo naturale e cresce quando c'è reciprocità.

Guardando oltre le apparenze, l'amore svela la vera essenza di una persona. È un riflesso delle azioni, delle attenzioni e delle parole. Le emozioni non si nascondono e, se prestiamo attenzione, possiamo coglierle come onde sotterranee che muovono la superficie. La delicatezza con cui qualcuno si comporta, il modo in cui ti guarda quando pensa che tu non stia guardando... sono tutti indizi che svelano l'amore.

E poi c'è la complessità delle dinamiche di genere, un terreno di studio infinito. Le donne, misteriose e incantevoli, portano con sé una gamma di emozioni e sfaccettature che possono essere comprese solo con un cuore aperto. Gli uomini, più diretti ma non meno complessi, navigano attraverso i sentieri dell'amore con i propri passi unici.

E mentre rifletti sulla complessità delle relazioni umane, possiamo trarre anche insegnamenti dalle coppie omosessuali. Spesso godono di una dinamica più fluida, forse la loro esperienza ci insegna che l'amore autentico, al di là delle etichette, si basa su reciprocità, rispetto e profonda comprensione.

L'idea che la modernità abbia portato alla separazione è da comprendere e analizzare in modo approfondito. Forse siamo diventati troppo abituati alla velocità e alla superficialità, dimenticando la bellezza del tempo e della profondità nelle relazioni. Non bisogna mai moltiplicare i problemi ma bisogna cercare delle soluzioni ad essi. Discutere è un atto necessario, ma lasciare che le discussioni si espandano può diventare tossico per l'amore stesso.

L'amore richiede un certo grado di consapevolezza di sé e di comprensione delle proprie emozioni. È un aspetto che può crescere con il tempo, e forse è per questo che il matrimonio può apparire più significativo a un'età più matura.

Quando l'amore bussa alla porta, è come intraprendere un viaggio senza una mappa precisa. È un'avventura che richiede coraggio e sincerità, un viaggio che può portarti a scoprire lati di te stesso e dell'altro che non avresti mai immaginato. Ma la bellezza di questo viaggio sta nel fatto che ogni passo, ogni emozione e ogni sfida contribuiscono a creare un quadro unico e prezioso.

L'inizio di un innamoramento è come aprire un nuovo capitolo della tua storia. Tuttavia, è cruciale valutare se tu e il tuo partner siete pronti a camminare insieme lungo questo percorso. L'amore richiede impegno e comprensione, ed è importante che entrambi siate allineati con la stessa visione. Se decidete di iniziare questo cammino, ricordate che è un impegno che dovrebbe durare nel tempo.

Ma anche il cammino dell'amore autentico può rivelare difetti e incomprensioni. Questi non dovrebbero essere motivo di vergogna, ma opportunità per crescere. Se scoprite che alcuni difetti sono insopportabili, è importante avere la maturità di affrontare la situazione. Anche se potrebbe sembrare difficile, è meglio mettere fine a una relazione che non funziona piuttosto che continuare per la strada sbagliata.

L'esperienza personale è un insegnante prezioso. È vero che i libri possono fornire linee guida e consigli, ma nulla sostituisce l'esperienza vissuta. È attraverso le tue azioni, le tue scelte e le tue emozioni che scopri veramente cosa funziona per te. Questo è ciò che rende la tua storia unica e significativa.

L'arte di amare è complessa e in continua evoluzione. Capire il tuo cuore e comprendere il cuore degli altri è un percorso che richiede umiltà e consapevolezza. Ecco perché è così importante condividere le tue esperienze con gli altri. Le tue parole possono illuminare il cammino di coloro che stanno cercando di navigare attraverso le sfide dell'amore e delle relazioni.

L'amore autentico non si basa solo su superficiali attenzioni, ma su un profondo desiderio di connessione. Questo è il tipo di amore che si apre alle vulnerabilità e alle sfide, che non è legato solo all'apparenza ma abbraccia la vera essenza.

In un mondo in cui il tempo sembra scorrere in fretta, l'apertura al vero amore diventa ancora più preziosa. Non possiamo permetterci di chiudere i nostri cuori, di lasciarci influenzare dalle mode o dalla fretta. Dobbiamo abbracciare la complessità e la profondità delle relazioni e imparare a essere pazienti.

L'amore richiede una base solida di autoconsapevolezza e comprensione delle proprie emozioni. È un viaggio che può iniziare in qualsiasi fase della vita, ma forse raggiunge la sua pienezza quando abbiamo la capacità di apprezzare davvero ciò che ci offre.

Nella cultura popolare l'amore è spesso rappresentato come un sentimento che colpisce come un fulmine e si impadronisce dei nostri sensi, portandoci alle vette della passione e agli abissi della disperazione. Tuttavia, la verità è che l'amore è molto più di una semplice emozione o attrazione fugace. Richiede una profonda comprensione di noi stessi e delle nostre emozioni, nonché la capacità di entrare in contatto con gli altri a un livello significativo.

La consapevolezza di sé è la chiave per costruire una solida base per l'amore. Dobbiamo innanzitutto capire

vita, ma è negli ultimi anni che spesso lo apprezziamo di più. Con l'avanzare dell'età, diventiamo più consapevoli della fragilità della vita e dell'importanza dei legami umani. Possiamo anche provare un maggiore senso di gratitudine per l'amore che abbiamo sperimentato e il desiderio di condividerlo con gli altri.

In conclusione, l'amore è un'emozione complessa e sfaccettata che richiede una solida base di autoconsapevolezza e di comprensione delle nostre emozioni per essere veramente appagante. È un viaggio di crescita e apprendimento che può portarci a connetterci con gli altri a un livello profondo e significativo, portandoci gioia e appagamento nella nostra vita.

Ho la speranza che le mie parole possano un giorno ispirare altri, come una guida luminosa lungo il sentiero dell'amore. Ho percorso una strada unica, lontana dagli schemi convenzionali, creando un modo tutto mio di esprimere ciò che mi attraversa l'anima. In questo viaggio, ho piantato semi di passione e creatività, e ora vedo crescere le piante di amore e ispirazione.

L'amore che ho riversato in ogni nota, in ogni parola e in ogni pagina del mio libro è palpabile. Ogni volta che mi immergo in questo flusso creativo, sento un'emozione travolgente che mi guida. È come se il mio cuore avesse una voce propria, e attraverso le mie espressioni artistiche, trova finalmente la libertà di parlare.

Un libro, per me, non è solo parole su carta, ma un riflesso di quel fuoco che brucia dentro di me. E questa fiamma si trasforma in parole scritte che vibrano nell'aria, portando con sé un messaggio profondo di empatia, comprensione e amore.

Ma non basta solo il fuoco dell'ispirazione, c'è anche la componente dell'emozione. Scrivere un libro richiede non solo competenza, ma anche il cuore. È un processo che richiede pazienza e dedizione, ma soprattutto la capacità di condividere con il lettore il vero sé, senza filtri né maschere.

L'emozione che riverso nelle mie opere è potente, un'energia che fluisce attraverso le parole e raggiunge il lettore. È questa emozione che dà vita alle pagine, trasformando semplici lettere in esperienze tangibili. Ed è questa stessa emozione che spero possa toccare il cuore di chi legge.

Desidero portare queste emozioni in un convegno, condividere ciò che ho imparato attraverso la mia esperienza. Ma non voglio solo parlare, voglio ispirare e coinvolgere. Voglio dimostrare che l'amore per l'ambiente, per l'arte e per la vita stessa può portare a grandi risultati, ma solo se ci impegniamo a farlo insieme.

Un'idea che ho imparato è che l'amore è un'azione, un'energia che si espande solo se viene condivisa. Proprio come il seme che cresce in una piantina forte e vitale, l'amore cresce quando lo nutriamo e lo coltiviamo. È attraverso il dare e il condividere che riceviamo soddisfazione e gioia.

Ecco perché è importante avere un obiettivo nella vita. Senza uno scopo, senza qualcosa da cercare e da perseguire con passione, rischiamo di cadere nella trappola della routine e della noia. L'amore, così come la creatività e la soddisfazione, emerge quando ci impegniamo in qualcosa che ci appassiona.

Quindi, ti sfido a cercare la tua passione, a nutrirla e farla crescere. Lascia che il tuo cuore guidi le tue azioni e crea qualcosa che rispecchi veramente chi sei. Solo allora potrai sperimentare l'amore in tutte le sue sfumature, dentro di te e in ciò che crei per il mondo.

I momenti di incertezza

Nella danza complessa dell'amore, ci sono momenti di incertezza che possono attraversare sia gli uomini che le donne. Queste incertezze, se affrontate con maturità e comprensione, possono rafforzare un legame, ma se ignorate o trascurate, possono portare a fratture irrimediabili.

L'insicurezza è una compagna di viaggio temporanea, ma dobbiamo essere pronti a correggere il tiro. Se un'insicurezza diventa un'ombra persistente, può contaminare la relazione e minare il fondamento su cui è costruita.

Nel corso della vita, incontriamo persone diverse che accendono il nostro interesse e le nostre passioni. È una sensazione bellissima trovare qualcuno che corrisponda alle nostre speranze e ai nostri sogni, ma lungo il cammino possiamo imbatterci negli ostacoli provenienti dalla nostra insicurezza. Queste insicurezze possono avere radici in esperienze passate, paure presenti o incertezze future. Possono portarci a dubitare di noi stessi e della nostra capacità di amare ed essere amati.

È importante riconoscere che l'insicurezza non è un difetto intrinseco, ma piuttosto una risposta naturale alla vulnerabilità. Ci mettiamo in gioco, sperando che i nostri cuori vengano accolti da un desiderio reciproco, ma a volte questo desiderio non viene ricambiato. Ci ritroviamo invece a mettere in dubbio il nostro valore e a chiederci se siamo abbastanza.

Tuttavia, non dobbiamo permettere che l'insicurezza diventi un punto fermo nelle nostre relazioni. Dobbiamo essere disposti a lavorare su noi stessi e sui nostri problemi, a comunicare apertamente e onestamente con il nostro partner e ad affrontare qualsiasi preoccupazione o dubbio che si presenti. Se permettiamo che l'insicurezza si diffonda e cresca, può avvelenare anche le relazioni più solide. La fiducia è la base su cui si fondano tutte le relazioni sane, e la fiducia non può esistere se ci sono paura e dubbi.

Detto questo, non dobbiamo cercare relazioni perfette o impeccabili. Tali relazioni non esistono ed è irrealistico aspettarsele. Le relazioni imperfette sono, infatti, quelle più autentiche e significative. Ci permettono di crescere e imparare l'uno dall'altro, di sfidarci e ispirarci a vicenda e di affrontare insieme gli alti e bassi della vita. Dobbiamo abbracciare i difetti, le stranezze, le idiosincrasie che ci rendono ciò che siamo e permettere al nostro partner di fare lo stesso.

L'amore è un viaggio e l'insicurezza è una compagna temporanea di questo viaggio. Dobbiamo essere disposti ad affrontare le nostre insicurezze, a lavorare su noi stessi e a costruire la fiducia con il nostro partner. Dobbiamo anche accogliere le imperfezioni e le sfumature che rendono le nostre relazioni uniche e significative. Con pazienza, comprensione e cuore aperto, possiamo creare relazioni che durano nel tempo e arricchiscono la nostra vita in modi che non avremmo mai immaginato.

Le donne, come gli uomini, amano sentirsi apprezzate. Gli apprezzamenti sono un modo di mostrare affetto e gratitudine. Tuttavia, devono essere genuini e basati sulla sicurezza che avete costruito insieme. Un muro di apprezzamenti superficiali non sostituirà mai la vera connessione e il rispetto reciproco.

Le relazioni richiedono tempo e impegno. Non si possono costruire legami profondi e autentici in una giornata. La conoscenza reciproca cresce attraverso conversazioni significative, condivisione di momenti e fiducia che si sviluppa col tempo. I veri amici e partner sono coloro che si ascoltano l'un l'altro, si confidano e crescono insieme.

Non c'è spazio per stereotipi nella scelta dell'amore. L'attrazione non dovrebbe essere basata solo sull'aspetto fisico o su caratteristiche superficiali. È importante scavare più a fondo, scoprire le passioni, i sogni e i valori che uniscono due persone. La bellezza interiore è ciò che conta davvero, ciò che fa crescere l'amore nel tempo.

La base di ogni relazione solida è la comunicazione aperta e sincera. Gli uomini e le donne hanno bisogno di ascoltare e comprendere l'uno all'altro. È cruciale riservare il tempo per parlare dei propri sentimenti, delle proprie preoccupazioni e dei propri desideri. Solo attraverso il dialogo possiamo costruire legami che durino nel tempo.

Non possiamo ignorare il fatto che ci sono individui egoisti e manipolatori. Queste persone possono usare i sentimenti degli altri per il proprio vantaggio. Dobbiamo imparare a riconoscere i segnali di avvertimento e proteggerci da relazioni tossiche. Dobbiamo cercare e dare solo il meglio, puntando alla reciproca crescita e felicità.

La triste realtà è che a volte ci lasciamo accecare dall'amore e non riusciamo a vedere i segnali di pericolo. Diventiamo ignari delle bandiere rosse, delle sottili allusioni e delle piccole manipolazioni che questi individui egoisti usano per sfruttarci. Rimaniamo intrappolati in relazioni che sono tossiche, prosciuganti e dannose per la nostra salute mentale e fisica.

È importante capire che l'amore per sé stessi è il fondamento di tutte le altre forme di amore. Quando amiamo noi stessi, diventiamo immuni agli effetti tossici di individui egoisti e manipolatori. Cominciamo a riconoscere il nostro valore, i nostri valori e i nostri confini. Smettiamo di compromettere i nostri bisogni e desideri per compiacere gli altri e troviamo il coraggio di dire di no quando qualcosa non ci sembra giusto.

Un altro aspetto importante delle relazioni sane è la crescita reciproca. Quando amiamo qualcuno, vogliamo vederlo fiorire e prosperare. Vogliamo sostenerlo mentre insegue i suoi sogni e raggiunge il suo pieno potenziale. E in cambio ci aspettiamo lo stesso da loro.

Vogliamo che ci spingano a dare il meglio di noi stessi, che ci sfidino e ci ispirino.

Ma la crescita reciproca non riguarda solo lo sviluppo personale. Si tratta anche di crescere insieme come coppia. Si tratta di imparare a comunicare in modo efficace, a risolvere i conflitti in modo sano e a costruire una solida base di fiducia e rispetto. Si tratta di creare una visione condivisa del futuro e di lavorare insieme per realizzarla.

L'amore è un'emozione bella e potente, ma ha il potenziale di essere distruttiva se non stiamo attenti. Dobbiamo essere vigili e attenti ai segnali di allarme delle relazioni tossiche e dobbiamo dare priorità all'amore per noi stessi e alla crescita reciproca. Quando lo facciamo, possiamo sperimentare l'amore nella sua forma più pura e appagante.

La chiave è essere veri con noi stessi e con gli altri. L'onestà è fondamentale per costruire relazioni forti e durature. Quindi, non abbiate paura di difendervi da situazioni negative o dannose. Valorizzate voi stessi e le vostre esperienze, ed esigete il rispetto e l'attenzione che meritate.

Ricordate, l'amore è un viaggio che richiede impegno e costanza. Abbiate il coraggio di percorrere questa strada, imparando da ogni passo e crescendo insieme. Lasciatevi guidare dal cuore e dalla saggezza, e troverete un amore che risplenderà con autenticità e gioia.

L'epoca delle comunicazioni digitali

Siamo nel cuore del 2023, nell'epoca delle comunicazioni digitali e delle opportunità illimitate di connessione. Tuttavia, dietro a questo velo di connettività, c'è un tema scottante che non possiamo ignorare. Abbiamo adottato la facilità dei messaggi istantanei, ma forse a discapito della vera connessione umana.

Guardiamoci allo specchio e riflettiamo, sia uomini che donne. Siamo davvero presenti quando inviamo un messaggio veloce al posto di una conversazione reale? Stiamo dando alla relazione l'attenzione che merita o stiamo cadendo nella trappola dell'indifferenza?

Nel mondo frenetico di oggi, spesso ci troviamo

intrappolati nel ciclo infinito del lavoro, dei social media e di altre distrazioni, dimenticando l'importanza di coltivare le nostre relazioni. Spesso diamo per scontati i nostri cari e non capiamo che l'amore non è solo una parola, ma un atto continuo di dare e ricevere.

Il concetto di amore si è evoluto nel tempo e con l'avvento della tecnologia è diventato più facile entrare in contatto con le persone. Abbiamo innumerevoli opzioni per comunicare con i nostri partner, dall'invio di un rapido messaggio di testo a una videochiamata. Ma se da un lato questi strumenti digitali rendono comodo rimanere in contatto, dall'altro favoriscono davvero l'intimità e la vicinanza? In realtà, questi messaggi veloci possono renderci distanti e distaccati dai nostri cari.

Quando ci mettiamo davanti allo specchio, dobbiamo

riflettere se siamo veramente presenti nelle nostre relazioni. Dobbiamo chiederci se stiamo investendo del tempo di qualità nel coltivare le nostre relazioni o se ci limitiamo a fare le cose in modo sufficiente.

Stiamo ascoltando i nostri cari o aspettiamo solo il nostro turno per parlare? Stiamo comunicando veramente o ci limitiamo a scambiare parole?

L'amore richiede onestà, vulnerabilità ed empatia. Dobbiamo dare priorità alle nostre relazioni e dedicare loro l'attenzione che meritano. Qualsiasi relazione può soffrire degli effetti dell'indifferenza, e dobbiamo fare tutto il possibile per evitarla. Dobbiamo investire tempo, energia e pazienza nelle nostre relazioni e ascoltare attivamente le persone amate. Dobbiamo rispettare i sentimenti, le opinioni e le convinzioni dell'altro e lavorare per costruire insieme una vita significativa e appagante.

La vera essenza dell'amore sta nelle piccole cose che facciamo ogni giorno, nei semplici gesti, nelle lunghe conversazioni, nei momenti condivisi. Dobbiamo concentrarci sulla costruzione di legami più profondi con il nostro partner e apprezzare il tempo che trascorriamo insieme. Facciamo un passo indietro dalle distrazioni del mondo e diamo priorità alle persone che amiamo. Dopo tutto, l'amore è il dono più prezioso che possiamo dare e ricevere, e richiede la nostra costante attenzione e cura.

È il 2023, un'epoca in cui l'empatia e la consapevolezza dovrebbero essere al centro delle nostre interazioni. Non lasciamoci ingannare dalle apparenze superficiali e dalla comodità delle tecnologie. Sappiamo che c'è di più, sappiamo che la vera connessione richiede sforzo e tempo.

Ecco il segreto che spesso trascuriamo: l'amore è un balsamo che guarisce solo se è reciproco. Non possiamo cercare l'amore solo nell'aspetto fisico, nella bellezza esteriore. Questo non può essere il fondamento di una relazione duratura. L'amore reale è un intreccio di spirito e cuore, una sinfonia di emozioni autentiche.

Abbiamo bisogno di mettere in discussione le nostre scelte e le nostre motivazioni. Non possiamo nasconderci dietro le illusioni, cercando appagamento momentaneo. L'amore non è un compromesso, non è una soluzione temporanea. È una scelta consapevole che implica rispetto, fiducia e impegno.

Se ti innamori, fallo con tutto il cuore. Ma non smettere mai di osservare e ascoltare. L'amore autentico è visibile negli atteggiamenti, nelle azioni e nei gesti.

Non ignorare i segnali che ti dicono se ciò che provi è sincero e corrisposto.

Riconosciamo che l'amore è un dono, non un dovere. Non possiamo forzare nessuno ad amarci o a rimanere con noi. Dobbiamo rispettare il tempo e lo spazio di ciascuno, dando all'amore la possibilità di crescere naturalmente.

E se, nonostante tutti gli sforzi, l'amore non sboccia, non rimanere intrappolato in una relazione che ti fa soffrire. Lasciare andare è un atto di auto-amore, una decisione che ti apre a nuove opportunità e a un futuro luminoso.

Infine, ricordiamoci che la vera forza sta nell'aprirsi, nell'essere vulnerabili, nell'essere umani. Non permettiamo alle maschere e alle barriere di spegnere la fiamma dell'amore. Abbiamo la possibilità di creare connessioni autentiche, di innamorarci delle anime e dei cuori che troviamo lungo il nostro cammino.

Questo è l'anno in cui possiamo abbracciare il cambiamento e costruire relazioni che riflettono il meglio di noi stessi.

La costruzione di un Paese migliore fondato sull'amore

Guardiamoci intorno, nel vasto palcoscenico della storia, e vediamo come l'amore può agire come un faro di speranza anche nelle situazioni più difficili. È vero, ogni epoca ha il suo fardello di errori e sfide, ma c'è anche spazio per la redenzione e il cambiamento.

Ci troviamo a riflettere su figure come Mussolini e Berlusconi, uomini che hanno lasciato il segno nella storia italiana. Mentre Mussolini è stato coinvolto in episodi oscuri che hanno lasciato ferite profonde, dobbiamo riconoscere che il tempo ha il potere di offrire la possibilità della redenzione. Berlusconi, a sua volta, può aver commesso errori, ma la questione va affrontata con una prospettiva bilanciata.

È il momento di vedere al di là delle macchie, di concentrarci su ciò che possiamo fare oggi per costruire un'Italia migliore.

Ma come possiamo farlo?

L'amore, amici miei, è la risposta.

Non un amore superficiale o egoistico, ma un amore che abbraccia le famiglie, le comunità e la nazione intera.

Può sembrare un luogo comune, ma l'amore ha davvero il potere di guarire le ferite, di colmare le divisioni e di creare legami che trascendono tutte le differenze.

L'amore non è solo un sentimento, è un'azione. È scegliere di mostrare gentilezza e compassione a chi ci circonda, di tendere la mano al prossimo in difficoltà e di lavorare insieme per un obiettivo comune. Quando guidiamo con amore, ci apriamo a nuove prospettive ed esperienze e creiamo uno spazio in cui tutti si sentono apprezzati e rispettati.

L'amore può anche aiutarci a superare le sfide che dobbiamo affrontare come nazione. Quando incontriamo delle difficoltà, è facile sentirsi sopraffatti e impotenti. Tuttavia, l'amore ci ricorda che non siamo soli e ci dà la forza e il coraggio di affrontare i nostri problemi a testa alta.

L'amore non è una panacea e ci saranno momenti in cui la strada da percorrere sembrerà lunga e difficile. Tuttavia, scegliendo di vivere con amore, possiamo creare un futuro più luminoso per noi stessi e per le generazioni a venire. Uniamoci, cari amici, e costruiamo un'Italia migliore, mattone dopo mattone, con l'amore come base.

Ecco il segreto: amiamoci veramente e sosteniamoci reciprocamente. L'amore per il Paese e per le famiglie può essere un catalizzatore per il cambiamento. Non possiamo solo soffermarci su ciò che è andato storto, ma dobbiamo guardare avanti, impegnandoci a costruire ponti, a creare dialogo e a perdonare.

L'unità è una forza incredibile. Immaginate una coppia che cammina mano nella mano, un simbolo di fiducia e connessione. Questo è ciò che manca nella società moderna, l'unità che può sostenere e alimentare il vero amore. Non lasciamo che le distrazioni della tecnologia ci dividano, ma coltiviamo la comunicazione e la connessione.

Ogni coppia, come ogni individuo, ha i propri ostacoli da superare. Ma è proprio attraverso la risoluzione di queste sfide che cresce il legame. La pazienza diventa una virtù, il sostegno reciproco un pilastro. Non cadiamo nell'illusione di relazioni perfette, ma lavoriamo per costruire relazioni autentiche e significative.

Guardate intorno a voi, alle coppie che hanno superato le avversità e hanno costruito un legame duraturo. Sono la prova vivente che l'amore può trionfare, ma richiede impegno, attenzione e sacrificio. È attraverso questi sforzi che l'amore vero e profondo può crescere e fiorire.

Non siate ingannati dalle imitazioni, dai rapporti superficiali o dalle relazioni basate solo sull'apparenza. Cerchiamo la vera connessione, l'amore che ci nutre e ci rende migliori. Siamo nel 2023, e l'opportunità di cambiare, di amarci e di migliorare è nelle nostre mani.

Riflettete su ciò che possiamo costruire, abbracciate la sfida di coltivare l'amore vero e mettiamoci in moto. Non aspettiamo che il tempo ci perdoni o risolva i nostri problemi. Iniziamo da ora, con cuore aperto e speranza nel futuro. Siamo l'Italia, siamo le famiglie, siamo il cambiamento che possiamo creare insieme.

L'amore, la vita e l'essere

Entriamo in questo capitolo con la determinazione di affrontare questioni vitali e preziose. Parleremo di quei punti che spesso trascuriamo, ma che sono fondamentali per la nostra esistenza: l'amore, la vita e l'essere stesso. È tempo di scavare più a fondo e di abbracciare la positività con fervore.

Nel caos frenetico del nostro mondo moderno, spesso dimentichiamo l'importanza di prendersi cura di noi stessi a livello profondo. Non si tratta solo di mantenere l'aspetto esteriore, ma di nutrire anche la nostra anima. Questa unione tra corpo e anima è il tessuto su cui poggia la nostra esistenza, e solo quando coltiviamo questa connessione possiamo davvero vivere in pienezza.

Prendiamo un momento per riflettere sul nostro interno, sulla nostra coscienza. Troppo spesso ci troviamo immersi in una cultura che incoraggia la discordia, la competizione e la ricerca del conflitto anziché della pace.

Ma quale strada stiamo seguendo veramente?

E quale strada vogliamo seguire?

Le nostre relazioni, che siano tra amici, familiari o partner, sono spesso ostacolate da litigi insignificanti e incomprensioni. Ma è tempo di cambiare rotta.

Come adulti, è nostro dovere regolarci come se ogni azione fosse ispirata da una saggezza superiore, un richiamo al rispetto e all'amore per gli altri.

È vero, sappiamo che ci sono ingranaggi invisibili che possono muoversi dietro le quinte, ma la chiave è evitare le trappole della negatività. Come individui, possiamo cercare l'amore nell'evitare gli scontri, nel costruire ponti di comunicazione anziché muri di incomprensione. Ecco dove risiede la vera forza: nell'attenzione, nell'amore, nella connessione.

Guardate voi stessi, alle coppie che camminano mano nella mano attraverso la vita, sfidando le avversità e celebrando le vittorie.

Questa è l'unità di cui parliamo, la connessione profonda che rende possibile ogni relazione significativa. Non lasciamo che la tecnologia ci separi, ma usiamola per costruire ponti e comunicare.

Siamo chiamati a superare gli ostacoli che ci si presentano, a risolvere i conflitti anziché evitarli. La pazienza diventa un dono, l'amore diventa il nostro faro guida. E mentre affrontiamo le sfide, ricordiamo che il rispetto reciproco e la comprensione sono i mattoni su cui costruire una vita duratura.

Non possiamo permetterci di essere ingannati dalle apparenze o dalle voci della negatività. Invece, cerchiamo l'amore per noi stessi e per gli altri. L'amore è il nutrimento dell'anima, la forza che ci spinge a migliorare, a crescere, a cambiare.

Non aspettiamo che il tempo ci risolva i problemi o che qualcun altro lo faccia al nostro posto. Siamo i creatori del nostro destino, i custodi delle nostre anime. Iniziamo ad amare noi stessi in modo autentico, e da lì, costruire un amore che sia riflesso in ogni aspetto delle nostre vite.

Non fermiamoci alle parole, ma agiamo con il cuore. È un'evoluzione costante, un percorso che ci spinge a migliorare e a crescere insieme. Siamo i custodi del nostro essere, dell'amore e della positività. È un'opportunità divina, una sfida che abbracciamo con speranza e determinazione. Siamo pronti a crescere, a migliorare e a costruire un mondo migliore, un passo alla volta.

Essere sempre gentiluomini

Quando si tratta di amore, non possiamo fare a meno di ammettere che il cuore umano è un territorio intricato e affascinante. Ogni passo, ogni sguardo, ogni parola ha il potere di intrecciarsi con le corde del destino, e mentre ci avventuriamo in questo intricato labirinto, scopriamo che l'amore è una danza delicata di emozioni e connessioni.

Ogni donna è un universo a sé stante, con la sua unica bellezza e mistero. E mentre ci immergiamo in questa esperienza chiamata amore, scopriamo che non c'è una formula universale, ma piuttosto un'arte sottile che richiede comprensione e pazienza. La tecnica dell'amore è come una sinfonia, dove ogni nota deve essere suonata con cura e attenzione.

Quando ci innamoriamo, ci ritroviamo in un territorio sconosciuto, incerti di quale passo fare. Ma la cosa fondamentale è mantenere l'essenza di un gentiluomo, quel gentiluomo che apre la portiera dell'auto per farla uscire, che dimostra rispetto in ogni gesto. Questa è la chiave per sbloccare la porta dell'anima della donna, per far sì che si senta amata e apprezzata.

Le donne, con la loro grazia e mistero, possono sembrare enigmi indecifrabili. Ma il segreto è avere la sensibilità di capire che ogni donna è un individuo con la propria storia e le proprie cicatrici. La gentilezza, l'attenzione e la comprensione sono le chiavi che possono sciogliere i nodi delle paure e delle incertezze.

È vero che il cammino verso l'innamoramento può essere impervio. A volte non capirete i segnali, a volte vi sembrerà che lei si tenga a distanza. Ma non lasciatevi ingannare, perché l'amore può nascondersi dietro una maschera di apparenze. E quando vi troverete a trascorrere minuti preziosi a parlare, scoprirete che la mancanza che lei prova quando non ci siete è un riflesso dell'amore che sta crescendo tra voi.

L'amore non è un percorso senza ostacoli. A volte si soffre, ma è proprio in quel dolore che troviamo la bellezza e la profondità dell'amore. È un'esperienza che ci sfida, ci cambia e ci trasforma. È un viaggio che vale la pena intraprendere, perché solo attraverso la sofferenza possiamo veramente comprendere la gioia.

Le storie di amore sono uniche, ma hanno un elemento comune: la crescita. Crescere insieme, superare ostacoli, comprendere i passati dolori e guardare verso un futuro con speranza e determinazione. L'amore è un'evoluzione, un percorso che ci spinge a migliorare, a cambiare e a costruire qualcosa di duraturo.

Ogni passo che facciamo nell'amore è una scelta, una scelta di costruire, di essere gentili, di comprenderci. E così come abbiamo il potere di cambiare noi stessi, abbiamo anche il potere di cambiare il mondo intorno a noi. Iniziamo da noi stessi, dall'amore e dalla positività che possiamo diffondere.

Siamo gli autori delle nostre storie d'amore, dei nostri destini. E mentre ci addentriamo in questo viaggio, ricordiamoci di essere autentici, di essere gentili, di essere pazienti. Siamo pronti a camminare insieme verso un futuro luminoso, a costruire un amore che ci porterà a nuove altezze e a un'intimità senza pari. La strada può essere tortuosa, ma vale ogni passo che facciamo.

Il potere incommensurabile dell'amore

Siamo qui ancora una volta, riuniti per esplorare il potere incommensurabile dell'amore. E oggi voglio portarvi in un viaggio oltre i confini delle relazioni personali, per abbracciare l'amore che possiamo donare ai nostri fratelli di tutto il mondo. Sì, perché l'amore non ha limiti di spazio o tempo, è un dono che possiamo offrire a ogni anima che incrociamo lungo il nostro cammino.

I nostri fratelli, coloro che condividono questa Terra con noi, sono più di semplici conoscenti. Sono pezzi del mosaico dell'umanità, ciascuno con la sua storia e la sua unicità. E così come cerchiamo di coltivare l'amore nelle nostre relazioni intime, dobbiamo estendere questo amore a coloro che ci circondano. Abbiamo la responsabilità di far crescere l'energia positiva nel mondo, di alimentare le anime che portano luce e speranza.

Ma ci sono anche tre forme di amore che desidero sottolineare, poiché hanno plasmato la mia vita in modi profondi. Prima di tutto, c'è l'amore per i genitori, coloro che ci hanno dato la vita stessa e ci hanno guidato nei primi passi di questo mondo. L'amore per i genitori è una radice che ci tiene ancorati, una gratitudine profonda che nutre il nostro cuore.

E poi ci sono i figli, quei doni preziosi che ci hanno dato un nuovo significato. Francesca e Roberta, le mie gioie, i miei orgogli, sono parte di me ovunque io vada. E poi c'è Laura, un amore che cresce dentro di me, un sentimento che non ha bisogno di parole perché si riflette in ogni mio pensiero e gesto.

Ma non possiamo dimenticare l'amore spirituale, l'amore verso una forza superiore che guida i nostri passi. Per me, è Gesù Cristo che mi ha illuminato con saggezza e conforto in momenti di incertezza. La preghiera è stata la mia chiave per aprire le porte della comprensione e della fiducia, per trovare risposte quando sembrava non ci fossero.

Siamo circondati da amori diversi, che si intrecciano nelle sfumature della nostra esistenza. L'amore ci insegna che la vita non è solo una serie di eventi casuali, ma una danza di connessioni profonde. Attraverso il dolore e la gioia, l'amore ci sfida a crescere e a diventare versioni migliori di noi stessi.

Amare non è una strada semplice, ma è una strada necessaria. Attraverso le sfide e le difficoltà, possiamo scoprire la bellezza e la forza di cui siamo capaci. E come fili che tessono un tessuto, possiamo intrecciare i nostri cuori, i nostri pensieri e le nostre azioni per creare un mondo più gentile, più amorevole.

L'amore è l'essenza che ci tiene uniti, che ci dà un motivo per continuare, nonostante le avversità. In questo mondo che sembra a volte dominato da discordia e divisione, possiamo essere la forza che cambia la direzione. Possiamo essere le mani che si tendono, le voci che si elevano, i cuori che si aprono.

Manteniamo l'amore vivo, per i nostri fratelli e per noi stessi. Facciamolo crescere e prosperare, perché l'amore è la chiave che apre porte che pensavamo fossero chiuse. Lasciamoci guidare dalla luce dell'amore e costruiamo insieme un futuro di speranza, di connessione e di pace.

Nel frastuono di questo mondo, con le maschere e le

difese che ognuno di noi indossa, c'è una verità fondamentale che non possiamo dimenticare: l'amore è il nostro baluardo, la luce che illumina anche le zone più oscure. Anche quando le maschere sembrano diventare necessarie, dobbiamo ricordare che c'è un cuore dietro di esse, un cuore che merita amore e comprensione.

Più che mai, è importante donare amore in abbondanza, senza riserve. Non si tratta solo di dare, ma di creare un circolo virtuoso in cui l'amore si moltiplica. Come l'acqua che nutre il terreno, l'amore che versiamo nelle vite degli altri cresce e fiorisce, trasformando relazioni e mondi interi.

E mentre viaggiamo attraverso questo cammino, non possiamo tradire noi stessi. Il nostro carattere, la nostra autenticità, sono le pietre angolari su cui costruiamo il nostro essere. Perché cambiare chi siamo per accontentare gli altri? Dobbiamo rimanere fedeli a noi stessi, onorare il nostro vero io e non temere di mostrare al mondo chi siamo veramente.

Nel passato e nel presente, ho imparato che la serietà costante non è la chiave. Sono un esempio vivente di come la genuinità attrae e crea connessioni autentiche. Così, per Laura, ho scelto di essere me stesso, un Nicola che non cambierà per nessuno. E se mi ha amato così, allora questo è il segno che è giusto rimanere sé stessi.

Cercare l'amore solo per aspetti esteriori è una strada che spesso porta a delusioni. Dobbiamo cercare coloro che ci colpiscono nel profondo, coloro che risvegliano il nostro cuore. L'amore va oltre le superfici, va oltre le forme e arriva all'anima.

Ma mentre cerchiamo l'amore, dobbiamo anche riconoscere l'esistenza delle forze oscure che cercano di intorpidire il nostro cammino. Il male, rappresentato dal demonio, cerca di sminuire l'amore e seminare discordia. Ecco perché la preghiera è il nostro scudo, il nostro modo di tenere il demonio alla larga e aprire spazi per l'amore.

Siamo chiamati ad amare, ad amare noi stessi, ad amare gli altri, ad amare il mondo intorno a noi. Attraverso le maschere e oltre le difficoltà, l'amore è la chiave che può cambiare il corso delle cose. Accendiamo il fuoco dell'amore nei nostri cuori, coltiviamolo e condividiamolo. Siamo destinati a vivere in un mondo di amore, un mondo in cui ognuno può brillare nella sua autenticità e sentirsi pienamente vivo.

Nella dolce quiete del pomeriggio, talvolta siamo tentati

di concederci una breve pausa. Ma attenzione, dobbiamo evitare che il corpo si abbandoni troppo al riposo, rischiando di emergere da quella pennichella con una sensazione di stanchezza ancora più profonda.

La mia tecnica, frutto di anni di esperimenti, mi ha portato a bilanciare il sonno e il risveglio in modo da sentirmi rigenerato senza cadere nell'apatia post-riposo. Non è questione di dormire troppo, ma di trovare il giusto equilibrio.

E parlando di equilibrio, l'amore per noi stessi è la base su cui si costruiscono tutte le connessioni. È la premessa per ogni innamoramento, la base su cui poggiano le possibilità di un amore reciproco. Prima di cercare l'amore altrove, dobbiamo trovare l'amore dentro di noi, abbracciare le nostre peculiarità, i nostri difetti e le nostre meravigliose imperfezioni.

La perfezione, come ci dimostra la realtà, non è un traguardo raggiungibile. Anche i talenti più celebri possono sbagliare, eppure questo non ne intacca la grandezza. La stessa lezione si applica a ciascuno di noi: non dobbiamo cercare la perfezione, ma l'eccellenza. Dobbiamo impegnarci nel fare le cose con cura, con passione, con dedizione. Non per essere perfetti, ma per dare il massimo di noi stessi.

Spesso ci troviamo ad osservare gli altri, giudicando le loro azioni e le loro parole. Ma riflettiamo un attimo: quanti di noi si prendono il tempo di osservare sé stessi? L'auto-osservazione è un atto di onestà e crescita personale. Se qualcuno sembra portarci via il nostro amore per noi stessi o ci critica in modo continuo, dobbiamo valutare se questa è la persona che vogliamo accanto. Non dovremmo permettere che le negatività altrui influenzino il nostro amore e la nostra autostima.

Ricordiamoci sempre di essere autentici. L'autenticità è il faro che ci guida nel mare delle relazioni. Non dovremmo mai cambiare chi siamo per compiacere gli altri. Invece, possiamo cercare persone che ci accettino per ciò che siamo, con tutte le nostre sfumature e peculiarità. E, paradossalmente, quando ci accettiamo per chi siamo, diventiamo più attraenti per coloro che condividono la nostra stessa autenticità.

Quindi, in questa danza della vita, conserviamo il nostro equilibrio, coltiviamo l'amore per noi stessi e abbracciamo le nostre imperfezioni. Lasciamo che la luce del nostro essere risplenda, attirando verso di noi coloro che possono apprezzare e condividere questo splendore. L'amore, così come l'abbondanza, crescerà all'interno di noi, spargendo la sua magia anche nelle vite degli altri.

L'AMORE È

Sarà per te

Benvenuti in un viaggio che si snoda attraverso le parole e le emozioni, un viaggio che nasce dal profondo del cuore e si estende a toccare le corde più intime dell'anima. Questo libro non è solo un insieme di pagine e parole, ma è un riflesso di un'anima che ha scelto di esprimersi, di condividere, di amare.

Il titolo di questo capitolo "Sarà per te", riecheggia come una melodia nelle pagine di questo libro, richiamando alla mente la canzone di Marco Masini. È un richiamo all'amore, alla speranza, all'attesa di qualcosa di speciale che è destinato ad accadere. È un invito a credere in sé stessi, a essere autentici, a seguire il proprio istinto.

Essere sé stessi è il cuore pulsante di questa narrazione,

perché solo quando ci permettiamo di essere autentici possiamo davvero connetterci con il mondo e con gli altri. È un richiamo a non nascondere ciò che siamo, a non temere di esprimere i nostri pensieri e i nostri sentimenti. Questa è la chiave che apre le porte della comprensione e dell'intimità.

E sì, essere sé stessi può essere una sfida, soprattutto quando le convenzioni sociali e le aspettative altrui sembrano soffocarci. Ma questo libro ci ricorda che il coraggio di essere autentici è una delle armi più potenti che possediamo. È attraverso la nostra autenticità che possiamo lasciare un'impronta duratura nel mondo.

L'amore è il filo conduttore di ogni parola, di ogni pensiero. L'amore non è solo romantico, ma è un sentimento che ci guida in ogni relazione, in ogni interazione. L'amore è ciò che ci spinge a dare il massimo di noi stessi, a lottare per ciò in cui crediamo, a cercare di migliorare ogni giorno.

L'amore è la forza che fa girare il mondo, la colla che ci tiene uniti. Non è solo un'emozione fugace che va e viene, ma un sentimento profondo e costante che permea ogni aspetto della nostra vita. L'amore ci dà la forza di superare gli ostacoli, di perdonare e andare avanti, di trovare gioia e felicità anche nei momenti più bui.

Nelle relazioni sentimentali, l'amore è la base su cui costruire la vita con un'altra persona. È la scintilla che accende la passione, il legame che ci unisce anche quando siamo lontani. L'amore è ciò che permette di superare le tempeste della vita insieme e di uscirne più forti che mai.

Ma l'amore non si limita alle nostre relazioni

sentimentali. È la forza guida che plasma tutte le nostre relazioni, dai legami che condividiamo con la nostra famiglia alle amicizie che coltiviamo nel corso degli anni. L'amore è ciò che ci permette di vedere il meglio negli altri, di sollevarli e sostenerli anche quando sono in difficoltà. È ciò che ci spinge a essere la versione migliore di noi stessi, sapendo che le nostre azioni e parole hanno il potere di fare la differenza nella vita di qualcun altro.

In definitiva, l'amore è ciò che dà senso e scopo alla nostra vita. È ciò che ci rende umani e ci collega a qualcosa di più grande di noi. L'amore è una forza potente che ha la capacità di trasformare la nostra vita e quella di chi ci circonda. Quando permettiamo all'amore di guidarci, diventiamo più forti, più saggi e più compassionevoli. Lasciate quindi che l'amore sia il filo conduttore di ogni parola, di ogni pensiero e di ogni interazione e osservate come porta luce e gioia nella vostra vita e in quella di chi vi circonda.

E non possiamo non parlare dell'importanza di capire le donne, di ascoltarle, di rispettarle. L'amore è una strada a doppio senso, un viaggio che va affrontato insieme, con comprensione e condivisione. È un richiamo a smettere di cercare la somiglianza e abbracciare la diversità che rende ogni relazione unica e speciale. Quando si tratta di capire le donne, è importante riconoscere che hanno esperienze e prospettive uniche che possono arricchire le nostre relazioni. Ascoltandole e rispettando i loro pensieri e sentimenti, possiamo creare un livello più profondo di intimità e connessione.

L'amore non consiste solo nel trovare qualcuno che sia come noi, ma anche nell'abbracciare le differenze che ci rendono ciò che siamo. Ogni relazione è unica e speciale, e sono queste differenze a rendere le nostre storie d'amore degne di essere raccontate. Quando affrontiamo l'amore come un viaggio, ci viene ricordato che richiede sforzo e dedizione. Non è sempre facile, ma ne vale sempre la pena.

La determinazione è ciò che ci guida verso il successo, ciò che ci spinge a superare le difficoltà e a perseguire i nostri obiettivi. Questo libro è un inno all'impegno, alla perseveranza, all'energia che mettiamo in ciò che facciamo. È un richiamo a non smettere mai di credere in noi stessi e nelle nostre capacità.

Ogni pagina di questo libro è un invito a guardare oltre, a non fermarsi alle superfici ma a scavare più a fondo, a scoprire l'autenticità che risiede in ciascuno di noi. È un'opportunità per riflettere, per ispirarsi, per abbracciare la bellezza delle sfide e delle vittorie.

E così, concludiamo questo capitolo, ma non l'amore, non la ricerca di sé stessi, non la passione per la vita. Questo libro è solo l'inizio di un viaggio che continua, che si sviluppa, che si arricchisce di nuove esperienze e nuove emozioni.

Speriamo che questo viaggio abbia ispirato e toccato il tuo cuore, e ti ringraziamo per essere stato parte di questo momento. Non smettere mai di amare, di credere in te stesso e nel potere delle tue parole.

Intraprendete il percorso dell'amore

Alla fine di questo straordinario viaggio attraverso le parole e le emozioni, vorrei condividere con tutti voi un pensiero importante. Nella vita, l'innamoramento è una tappa fondamentale, un capitolo che dobbiamo vivere appieno, con tutti i suoi alti e bassi. Non abbiate paura dei momenti in cui sembra che le cose non vadano come speravate, perché spesso è proprio in quei momenti che l'amore si rivela nella sua forma più autentica.

Lasciare quando sembra che le cose non vadano bene è come interrompere un concerto prima della sua conclusione, privandosi dell'opportunità di ascoltare la melodia completa. Il vero amore richiede pazienza e impegno, perché attraverso le sfide e le difficoltà cresce e si trasforma in qualcosa di ancora più profondo e prezioso.

Le parole di saggezza di Gesù ci invitano a "soffrire e offrire il nostro amore", poiché nel processo di condivisione e sacrificio, l'amore si nutre e si fortifica. Le cicatrici e le fatiche diventano parte integrante della bellezza di un legame profondo e significativo.

Vi auguro di cuore di intraprendere questo percorso con tutto il vostro cuore e la vostra anima. Ricordate che ogni amore è unico e irripetibile, come un'opera d'arte creata dalla fusione di due anime. Che le vostre ali dell'amore vi portino a volare alto nel cielo della felicità, proprio come un Guerriero che abbraccia la vita con passione e coraggio.

Nelle pagine di questo libro ho approfondito le diverse forme che l'amore può assumere, dall'impeto inebriante dell'infatuazione all'amore profondo e duraturo che dura tutta la vita.

Ma a prescindere dalla forma che assume, una cosa rimane costante: è una forza che ci guida lungo il cammino della vita. L'amore è il filo che ci lega tutti insieme, un promemoria costante della nostra umanità condivisa e delle connessioni di fondo che esistono tra tutti noi.

E così, mentre ti saluto, caro lettore, ti lascio con un ultimo pensiero: l'amore è la forza più potente del mondo. Può ispirarci alla grandezza, ad atti di straordinaria gentilezza e generosità. Può guarire le ferite e riparare i cuori spezzati. L'amore può vincere tutto ed è qualcosa che tutti noi dovremmo sforzarci di coltivare nella nostra vita.

In questo momento, vorrei esprimere il mio profondo

apprezzamento a Laura, che mi ha dato l'opportunità di scrivere queste parole sull'amore. È stato un onore e un privilegio condividere questo viaggio con tutti voi e sono grato per la possibilità di aver esplorato questo incredibile argomento in modo così approfondito.

Ti auguro di ricordare sempre che l'amore è il filo che ci lega tutti.

Printed in Great Britain
by Amazon